PRODUCTO DE UN PECADO

MILAGROS SALAS

ISBN: 9798443920016

CONTENIDO

CAPITULO I

Me siento mareada, agotada, no tengo fuerzas para abrir los ojos. Me pregunto qué hora será, cómo quisiera saber la respuesta, pero toda esta gente que vive en este lugar no lo sabe. Bueno, en realidad nada saben. A pesar de estar sola, me siento cómoda y segura. Hay muchas personas que me atienden y que quieren saber de mi pasado, mi realidad. Ellos no saben que soy dueña de mis recuerdos, de mis conocimientos y de mis actitudes. Eso me hace muy dentro de mí, feliz.

Las paredes, la cama, la almohada, el inodoro, mi ropa son todas blancas. Le ganan a la publicidad de detergentes que anuncian en la televisión. Pero, me gusta. No tengo por qué quejarme, me gusta. La chica que me visita a diario, intenta hablar conmigo pero su mirada es oscura y triste. El hablarle de mí no va a solucionar su vida, ni mi conversación va hacer productiva ni voy a enmendar sus errores e insisto, soy dueña de mis recuerdos. Hay días que me muero del dolor, que me destrozo el cerebro en pensar, una y otra vez. Pero jamás me arrepentiré. En fin, no quiero compartir con ella absolutamente nada.

De vez en cuando salgo de la habitación pues las personas de este lugar están a las expectativas de mis movimientos. Hoy es uno de esos días que sentí la necesidad de hacerlo, de salir de las cuatro paredes del cuarto, para reírme un poco con las cosas que hacen los demás.

Mucha luz me encandeció la vista, por lo que detuve mi paso y dure unos minutos con los ojos cerrados en el pasillo. Escuche tantas estupideces, que me quería devolver a mi cuarto, pero no lo hice. Después de abrir mis ojos y notar lo que había a mi alrededor, camine hacía el jardín. Había demasiadas personas, todos los asientos estaban ocupados. Sin embargo, vi a un tipo que ocupaba todo el espacio del asiento, no por su gordura sino por sus piernas montadas en el mismo, me le acerque y comencé a molestarlo hasta que se levantó y se fue. Me quede sentada sintiendo el aire puro y frío que envolvía mi piel.

El brillo de las inflorescencias hacían el ambiente agradable y dulce; el cielo azulado tenía nubes en forma de animales que caminaban suavemente por los caminos. Se sentía el aire rozar mi piel, mis manos se sentían frías. Por un momento me quede sentada, sin moverme, con los ojos cerrados, sintiendo como el viento acariciaba la piel de mi cara, me estaba haciendo cariño.

Al cabo de un rato, tenía una mujer a mi lado. Me perturbo su mirada inquietante sobre mi rostro. Volteé para molestarla y que se retirara de mi lado, pero, me hablo enseguida:

- ¿Me podrías decir la hora?

Me quedé sin responder por un momento, mientras seguía respirando el olor a rosas frescas. Sentí que podía perturbar mi momento.

- No sé, también me había preguntado lo mismo.
- Mm, yo igual.

La conversación termino en ese momento, y seguí en mi mundo contemplando el lugar, pues había decidido salir de mi cuarto y me encontraba justamente al lado de alguien que no estaba tan desquiciado, pero, pensé: ¿será que es una de las personas que está averiguando mi vida?, y antes de hacer una locura, me levante y me fui de nuevo a mi cuarto. Por un momento me sentí perseguida, pero al pasar por el pasillo mi humor había cambiado. Llegue al cuarto riéndome como una loca más.

Miles de días metida en las 4 paredes blancas, escuchando solo la voz de Clarizza, la chica que venía, todos los días, a hablar conmigo. Yo contaba las veces que venía a verme y suponía los días que iban transcurriendo. Después de varias visitas de Clarizza, salí de nuevo, en las horas de recreación o lo que fuera, de las 4 paredes.

En ese lugar se hacían juego de recreación, juegos para conocer personas, juegos para cualquier tontería. Siempre tenía la impresión que se creían recreadores o cosas así, que a mí no me interesaban, me aburrían. Clarizza intentaba convencerme de que participará, pero no entendía que no estaba de humor, que lo que quería era estar tranquila, sin moverme, pensando, durmiendo. Muchas veces se lo decía y ella seguía insistiendo con esa voz dulce y estresante que tenía. En su pequeña cabeza perfecta no entendía que perturbaba mi paz. Cuando eran tantas las palabras y gestos sabía que era el momento de levantarme y comenzar a gritar como una loca, eso me ayudaba mucho porque ella se asustaba y salía corriendo de mi cuarto y no molestaba más. Eso, de vez en cuando, me entretenía. Terminaba riéndome a carcajadas.

Se observaba que cada día habían más locos en la cuidad, porque el patio estaba repleto de personas. Logré sentarme en uno de los asientos y observar al personal moviéndose de un lado a otro. Creo que ellos aprovechaban algunos momentos para descansar de su trabajo agobiante. Se veían agotados de tener un sueldo tan miserable y tener que hacer todo lo que ellos hacían. En vez de Clarizza hablar conmigo, la interrogada debería ser Clarizza. En algún momento la miraba feliz y otros días iba con ese ánimo por el piso, queriendo estar ella en ese cuarto y dormir por horas, alejados de todo. Al voltear, estaba sentada la misma mujer que días antes me había hablado. Ella, así como el personal, se veía cansada, tenía unas ojeras inmensas y los hombros caídos hacia adelante, delgada. Pareciera que no comiera o que la vida la había consumido. Su ropa blanca la iluminaba ese día.

Esa mujer comenzó hablar y hablar y hablar. Incoherencias, hablaba incoherencias, estaba loca, aunque pretendía no estarlo. No sabía la cronología de los hechos, así que la seguí escuchando. De momentos volteaba la cara una y otra vez, como teniendo un ataque de nervios. Eso me impresionaba, tenía sus toques técnicos. Cuando se cansó de hablar me pregunto:

- ¿Me podrías decir la hora?

Escuchándola entendí que la tipa no sabía dónde estaba, era igual que todos los demás, solo que esta vez no hablaba sola, hablaba conmigo. Volteo la cara y me miró fijamente con esos ojos hundidos en su cara: ¿por qué estás aquí?

- Es una pregunta muy difícil de responder, pero siento que mi vida fue un completo fracaso: mi casa, mi padre, mi espacio. Sin embargo, invierto energía todos los días pensando en cada momento de ella.

CAPITULO II

Recuerdo que cuando miraba el patio trasero de la casa, siempre veía los árboles desolados de hojas por la caída de las mismas al suelo; hojas que eran secas y amarillas. Siempre era época de sequía, o al menos así recuerdo mi pasado: amarillo, con mucho sucio en el patio, en la vía. Un desorden que envolvía a la gente del pueblo: siempre apurados para llegar a sus casas, cansados de trabajar todo el día para llevar el pan nuestro de cada día a sus hogares; apurados para llegar a sus trabajos porque el tiempo no era suficiente para dormir tranquilos, una piel oscura quemadas por tanto sol que llevaban todo el día, debido al trabajo forzoso que les tocaba; un cuerpo todo sucio y lleno de sudor porque se la pasaban corriendo de aquí para allá para que las horas fueran productivas y les alcanzara el tiempo a ver si podían tomarse un receso para descansar. Personas con las facciones de su cara muy marcadas porque se notaba que trabajaban desde muy pequeños y no les daba tiempo ni de pensar en ellos. Muchos camiones y carros a toda velocidad, amargados y estresados. Mucho ruido, mucho grito, mucha gente, mucho calor, en fin, un caos.

Muchas veces llegaba a mi casa y estaba mi padre de muy mal humor, cansado, sin ganas de pronunciar ni una palabra, ni mucho menos escuchar algún ruido. Siempre que se lo reprochaba, me decía:
-    "cuando tu comiences a trabajar me entenderás".

Eran palabras que consideraba sabías, ¿será que una no sabe de las cosas hasta que no las vive? Pero, sin embargo, me irritaba, me molestaba el solo hecho de verlo que estuviera de mal humor. Y a pesar de que estaba acostumbrada que día tras día fuera todo igual, siempre me molestaba. Desde pequeña pensaba que ese mal humor que tenía era porque mi mamá no estaba en casa, se había ido y no teníamos información de ella. Cuando tenía 12 años supe por primera vez su nombre. Estaba limpiando la cocina y en una de esas que moví todo de lugar, la pared que cubría la nevera, decía: "Mayller De García y Carlos García para siempre".

A mi padre no le gustaba hablar del tema. Cuando le hacía alguna pregunta al respecto, sus ojos sobresalían sobre sus pómulos rosados, donde las venas de los mismos se volvían moradas. Terminaba cambiando el tema. Al final de cada día, me preguntaba mí misma: ¿será mi presencia la que le provocaba su mal humor?

Una noche llegó, y sentándose a mi lado me dijo:

- Siento que no estás preparada para escuchar algo de tu mamá. No entenderías. Pero, si te consuela saber, ese es el nombre de ella.

En ese momento mi cuerpo sintió una corriente desde la cabeza hasta los pies. Mi corazón se aceleró de tal magnitud que se escuchaba por toda la casa, lo sentía en todas las partes de mi cuerpo. Sentía una alegría porque quizás en un futuro no muy lejano conocería a mi mamá.

Muchas noches, anhelaba que estuviera entre mis brazos, acariciándome el cabello, contándome sus aventuras, viéndome a los ojos fijamente y escuchando un "te quiero". Me imaginaba haciéndole un regalo el día de las madres, olerla cuando quisiera. Correr hacia ella cuando sintiera miedo, que me aconsejará. Me ayudará a cocinar, hablará conmigo. Tan solo que me ayudará hacer la tarea, o simplemente estuviera aquí a mi lado, junto a mí.

Pero a pocos segundos de llorar su ausencia, mi alma se llenaba de ira porque no estaba conmigo, se había ido, me había abandonado. Me había dejado sola con mi papá. Después de llorar fuertemente, sentir mis lágrimas caer en mis rodillas, sentir como ese dolor angustiante llenaba todo mi cuerpo, con ganas de morirme en ese preciso momento, me calmaba y todas las noches me preguntaba una y otra vez: acaso ¿ella estará pensando y sintiendo lo mismo que yo? Y no dejaba de repetirme que algún día iba a estar frente a ella y se lo podría preguntar.

A veces sentía la curiosidad de acercarme a la casa de los vecinos que se encontraban a pocos metros de mi casa para preguntarles si sabían algo de mi mamá, pero con la actitud que tenían ese par de viejos, me daba miedo. Su cara de tristeza invadía su alma. Los rumores del pueblo decían que sus dos hijos habían fallecido de cáncer y su única nieta se había suicidado luego de que el novio, con el que había perdido la virginidad, la terminará. Cuentan que se lanzó por la ventana de su cuarto un día al atardecer. Desde entonces, esos abuelos no se acercaban a nadie. Fueron por mucho tiempo, el chisme de todos.

A los 13 años deje de ir al colegio. Es que mi casa quedaba en las afueras del pueblo más cercano y las vías eran peligrosas. Muchos delincuentes se escondían detrás de las matas a esperar a su presa, por lo que mi padre me prohibió ir al pueblo, pues partía a diario a las 6:00 am y llegaba a la casa muy a oscuras, por lo que no podía cuidarme.

La delincuencia en el pueblo había aumentado y los camioneros temían conducir a altas horas de la noche por esas vías, por lo que esperaban al amanecer. Mi padre tuvo un carro que le permitía ir de su trabajo a la casa y viceversa, hasta que su motor no pudo más, y se terminó de dañar. Por más que invirtió dinero en esa chatarra, no pudo lograr acomodarla y la compra de un carro nuevo o usado le costaba mucho, así que en las mañanas tenía que esperar la pasada de algún camión que lo llevará al pueblo y regresar lo más temprano que pudiera de la misma manera. Esto era lo que siempre me decía, las pocas veces que le preguntaba y decidía responder.

Pero, todo se fue complicando. No podía regresar a la casa todos los días, porque los camioneros no se detenían para trasladar a personas en el camino hacia el pueblo, porque en varias oportunidades habían sido robados y por lo que, no más salían del pueblo, aumentaban las velocidades en los diferentes caminos. Mi padre comenzó a quedarse fuera de casa y regresaba los fines de semana.

Al comienzo fue fuerte el hecho de no ir al colegio, no tener con quién hablar, leer, estudiar, ver otra cosa que no fuera monte por un lado y monte por el otro. Pero mi papá tenía razón, estaba segura en casa. Un día me mire fijamente al espejo y me di cuenta que mi cuerpo no era el mismo: mis senos habían crecido, era más alta, mucho más delgada y calzaba más. Me había acostumbrado a estar sola y siempre tenía algo que hacer. Tenía 16 años.

Era impresionante como pasaba el tiempo, ya habían pasado 6 años desde que mi parte íntima había comenzado a sangrar con mal olor. Mi padre nunca me había dicho nada. Recuerdo que estaba pintando unos dibujos y de repente sentí la necesidad de orinar pero no podía aguantarlo y moje las pantaletas. Corrí al baño a cambiarme y me vi toda manchada de sangre. Comencé a llorar porque no sabía cómo detener la hemorragia y el dolor en el vientre era insoportable, pensé que me iba a morir desangrada. Recuerdo que me acosté en el mueble y me abrace a mí misma y sentí como se me calmaba el dolor pero si me movía para buscar una pastilla o hacer cualquier otro movimiento, comenzaba el dolor fuerte y sangraba más, así que decidí mantener la posición que me pausaba el dolor. Mi padre llego en la noche a la casa y me observo en el mueble, al revisarme, estaba todo lleno de sangre. Se quedó allí, mirándome fijamente, sorprendido, se le veía una angustia en los ojos, una tristeza. Me dijo:

- Eso significa que eres una niña grande físicamente más no mentalmente. Ven, te ayudaré a limpiar.

Sentí mucha pena. No quería saber que mi padre podía ver mi parte intima. En ese momento, como muchos, quería, necesitaba que mi mamá estuviera allí y me dijera que hacer. Pero no estaba y eso me enfurecía. Al cabo de un rato, mi padre estaba limpiando el mueble y sus alrededores. Movía la toalla húmeda de un lado a otro, sus ojos fijamente observaban el desvanecimiento de la mancha en el mueble y en silencio contemplaba el momento.

Durante ese tiempo había estado en la casa. Aunque salía y disfrutaba durante las tardes la dulce brisa del ambiente, el sonido de las aves y de cualquier animalito que transitará en esos días soleados y llenos de mucho calor, ya odiaba el olor a monte, el silencio. Me sabía los pocos libros que tenía del colegio, pues días de ocio invertía en leer. Se escuchaba el corte del viento por cada carro y camión que pasaba por ese lugar. Ya me había acostumbrado, sin embargo, a veces le prestaba más atención al ruido que lo terminaba odiando y quería salir de ahí así fuera corriendo.

Luego recuerdo que vinieron días de fuertes descargas eléctricas y lluvias, la vegetación había aumentado de tamaño y la plaga comenzaba a alborotarse. Los fuertes vientos invadían todos los espacios de la casa; los animales se escondían ante tanto frio y oscuridad. Ya mi mente era un caos, pues ya ni televisión podía observar tranquilamente, pues se perdía la señal que transmitía la antena y una que otras veces volvía.

Comenzó mi miedo a que algún camión se detuviese por las lluvias y que algunos de los camioneros pasarán a buscar ayuda en mi casa por ser una de las pocas casas que había en el camino. Que se dieran cuenta que estaba sola y me quisieran hacer algo. Ya no tenía quién me defendiera de lo que me pudieran hacer. Eso sumado a la soledad que transmitía ese lugar tan alejado del pueblo, eran el pan nuestro de cada día.

Al paso de los meses ya ni mi padre llegaba los fines de semana, pues él me decía que aprovechaba de descansar para comenzar la semana, porque salía tan cansado del trabajo que ir y venir lo agotaba más y no rendía, entonces él se quedaba los fines de semana para descansar y arrancar la semana con buen pies, esas eran sus cuentos. Una de las veces que llegó a casa a buscar ropa para trabajar en la semana, le pregunte sobre la posibilidad de irme al pueblo con él y me dijo:

- No puedo, allá vivo en una habitación donde solo quepo yo. Quédate unos días aquí mientras me estabilizo económicamente.

Al cabo de un rato se estaba marchando.

CAPITULO III

Observar durante horas esos jugosos y grandes mangos que colgaban de la rama de los arboles afuera de mi casa me hacía salivar la boca. Pensaba en su jugoso sabor pero tenía flojera de moverme a tomar alguno para dejar de pensar y comenzar a degustar.

Al cabo de unos momentos, me encontraba debajo de aquellos mangos, pero la vista desde la ventana de la cocina hacía parecer que se encontraban colgados a una poca distancia del suelo y así arrancarlos con facilidad, pero al acercarme, estaban a una gran altura. Después de pensar cómo obtener alguno, comencé a lanzar pequeñas rocas que se encontraban en el suelo hacía las ramas donde estaban los fascinantes mangos. Después de unos minutos intentando, cayo uno al piso. El tamaño no era el que deseaba, pero su coloración y textura hacía que la boca de igual forma se hiciera agua. Se encontraba sucio, pero el regresar a la casa a lavarlo me hacía esperar para saborearlo, así que no lo pensé dos veces más y lo mordí.

Mis dientes estaban cortando una gran porción de ese mango, su sabor era como me lo había imaginado cuando estaba justo en la ventana. La dulzura me hizo sentarme a disfrutarlo. Al cabo de un rato estaba lanzando una roca tras otra, para obtener varios de ellos y hacer un jugo.

Caminando y disfrutando del sabor que me quedaba en la boca, llegue a la casa. La puerta se encontraba abierta. En ese preciso momento me detuve frente a ella, no lo podía creer, uno de mis máximos miedos había pasado, se habían metido a robar a la casa y solo estaba yo. Sentí como mi piel se helo por completo, de pies a cabeza. Como mi corazón se aceleraba. Se me vinieron a la mente muchas cosas que debía hacer. En un principio era gritar, pero esa no era una opción viable porque nadie me escucharía. Los abuelos ni hubiesen salido a ayudarme, si es que me escuchaban. Mi padre no estaba, así que debía buscar algún objeto que pudiera hacer daño.

Miré los árboles. Baje la bolsa de mangos al piso y corrí con todas mis fuerzas, volteando una y otra vez a los lados, no vi camión. Cuando llegue a un árbol donde podía llegarle fácilmente a una rama, brinque con todas mis fuerzas y arranque una de las más accesibles, le quite las hojas y la volví una estaca. Mirando el piso, intente calmar mis ánimos, pues probablemente, estaría destruyendo la casa buscando dinero o algo. Pero seguía viendo hacia los lados y no veía movimientos de nada, solo los carros que pasaban a grandes velocidades por la carretera. Intente calmarme, capaz había dejado la puerta mal cerrada y se había abierto con el viento. Sin embargo, si eso hubiese ocurrido, no era una mala idea hacer un arma que me protegiera de algún intruso. En el suelo vi una roca de un tamaño adecuado que pudiera cargar mi mano y camine cautelosamente hacia la casa. A medida que avanzaba, mi corazón se aceleraba, no pensaba en nada, solo en la fuerza que tenía que tener para controlar el intruso. Pensé en mi padre pero era día jueves, mi padre siempre iba los sábados y una que otras veces se quedaba hasta el domingo o se iba el mismo sábado, todo dependía de su humor. Me traía comida, cualquier cosa que él consideraba que pudiera necesitar y se iba.

Al acercarme a la puerta no escucho voces ni ruido, así que decidí avanzar cautelosamente y en silencio hacía la sala de mi casa. Solo podía escuchar los latidos de mi corazón en el pecho, sentirlos en mis muñecas, en mis sienes, hasta en mis manos. En el mueble de la sala había dos personas besándose y una de ellas era mi padre. La luz de afuera me tenía encandilados los ojos así que espere pequeños segundos para poder observar a la mujer que el besaba. Me quede sin moverme por unos segundos mientras pensaba en quien era la mujer: ¿sería mi madre aquella mujer?

Entre a la casa avanzando en pequeños pasos y observando. Por un momento sentí mucha alegría, muchas ganas de sentir su abrazo, pero me dio ganas de lanzarme encima a preguntarle: ¿por qué me había dejado?

Mi padre al verme, me dijo:

- Acércate hija, quiero que conozcas a alguien.

La palabra "hija" no la había escuchado desde hacía muchos años, se me había olvidado su voz.

Continuó mi padre:

- Te presento a mi mujer, el amor de mi vida. Te presento a Carlí.

Mi madre no se llamaba Carlí. No supe cómo reaccionar, solo me quede parada viéndola por unos segundos.

Ella sonrío y me dijo:

- Como has crecido Mayller, cuando te conocí eras muy pequeña.

No supe que responder, pues se estaba besando con mi padre. Acaso, ¿ella conocía a mi madre? ¿Sería su amante? O por culpa de ella, ¿ellos se habían separado? Sentí mucha molestia ver su presencia, y me quise retirar a la cocina para colocar los mangos que había cosechado del árbol minutos antes, pero mi padre me sujeto por un brazo y me hizo retroceder hacia ellos. Mi mirada se centró en sus ojos, luego de ver mi futuro jugo en el suelo.

- No seas mal educada, saluda a Carlí.

La observe y le dije:

- Ya te salude, ya me saludaste, ya nos saludamos, ahora te puedes ir.

Mi padre enfureció y me dijo:

- No se podía esperar otra cosa de ti.

No entendía su actitud, tenía días, semanas, meses sin ir a la casa, tenía años que no hablaba conmigo y pretendía llegar con una mujer de la noche a la mañana para hacerse amiga mía.

Carlí a las semanas se encontraba instalada en mi casa, mi padre regresaba todos los días, la pobre mujer se creía dueña de todo. Al comienzo, trate de tenerle paciencia, pero la situación comenzó a empeorar entre nosotras. Comencé a hartarme de sus impertinencias, actitud prepotente, de su voz insolente. El caos había llegado de nuevo a mi vida, no observaba más televisión a mi antojo debido a que solo se veía lo que Carlí decía. Comenzó la época de sequía que tanto odiaba. Sentía invasión en mi cuarto, en mi casa, en mis cosas.

Se acercó el día de mi cumpleaños, ese día quería que fuera especial, pero sabía que no lo sería. Un día más sola en casa, pues Carlí y mi padre habían salido desde muy temprano. A su regreso, estaban borrachos, llegaron haciendo escándalos. Frente a una botella y miles de palabrerías tontas, se quedaron dormidos en el mueble. Esa noche lo había decidido, me iría de la casa.

Sé que no era una decisión fácil, pasaron noches y noches pensando en ese momento, pensando en que podía hacer si fracasaba, que podía esperarme en la calle, que podía hacer. Me ganaban las ganas de aventurarme y no verle más la cara a ellos. Aparentaban ser una familia feliz, cosa que no éramos. Yo no soportaba a Carlí. Muchas noches intente acercarme a ella, pero no ayudaba su actitud de dueña y señora de las 4 paredes.

Esa noche cuando mire atrás estaba fuera de casa, con una mochila y todo mi rencor encima, sentí miedo y mucho frío. Había oscuridad en la carretera. El olor peculiar de la vegetación me hacía odiarla, así que me coloque el suéter, sujete mi bolso y me fui alejando y dejando atrás a mi padre (si es que lo podía llamar así). Esa noche recuerdo que lloré, lloré como nunca antes lo había hecho. Sabía que podía fracasar, que la situación podía empeorar con él cuando se enterará que me había ido y que además lo había robado, pero ya estaba lejos, así que no mire atrás sino que seguí avanzando en el camino.

Solo se escuchaba el fuerte ruido de los grillos, que era infernal en mis oídos. La novela que tanto me gustaba tal vez más nunca la vería, aunque después de pensarlo, era lo de menos. No sabía qué me iba a transcurrir al llegar al pueblo, ni de que iba a vivir, ni que iba hacer, pero cualquier oficio sería mejor que regresar a casa y escuchar a la estúpida de Carlí o simplemente sentir esa soledad que todas las noches helaba mi piel. La única compañía en mi cuarto era mi sombra y ni podía hablarme. Sentía que todo podía haber sido diferente si mi madre hubiera estado presente, pero no lo estaba, así que tenía que afrontar mi soledad. Mi destino había llegado.

Esperando que en el camino no se me apareciera nadie, camine más de 40 minutos y llegue a la entrada del pueblo. Había un viejo letrero muy alto que ya no se veía el nombre. A lo lejos se veían unas luces amarillentas que alumbraban el suelo del exterior. Se escuchaban voces de personas. A medida que fui avanzando, recordé que existía un hotelucho por esa zona que veía siempre cuando iba a la escuela, así que apresure el paso para llegar.

En efecto, el hotelucho estaba ahí, se encontraba aún más deteriorado de como lo había dejado años atrás. El techo todavía de zinc, las paredes amarillentas y llenas de humedad por la cantidad de vegetación que existía a su alrededor. Su apariencia era deprimente. Al llegar, salió a mi solicitud un hombre de una altura sorprendente, de piel blanca y bigotes negros que le cubrían la boca. Al verme, me dijo:

- ¿Que deseas pequeña?

- Necesito una habitación para pasar la noche.

El señor con su altura impresionante, me dijo:

- No hay.

Me quede viéndolo, pues si no tenían habitación no tendría donde pasar la noche. Hacía mucho frio afuera, y no se me ocurría a donde más podía ir y el pueblo estaba muy pero muy lejos para seguir, me dolían mucho los pies, las caderas y la espalda. Tenía mucha hambre. Al cabo de unos segundos, recordé el frio que de igual forma sentía en mi cuarto, pero no por el ambiente, sino por la soledad de mi alma, así que sería lo mismo. Al fin y al cabo, nadie dijo que sería fácil. Sin embargo, me quede detenida en aquel mesón de hierro oxidado, pensando qué hacer, qué camino tomar.

El señor me estaba observando fijamente con los ojos entrecerrados. Miró el reloj de su mano y me dijo:

- Niña, por ser muy tarde te voy a dar la última habitación que me queda. Dame la cedula.

La alegría vino a mí, le sonreí a aquel señor, sintiendo un estiramiento en la cara. Mientras sacaba el monedero para darle la cedula al señor, sentía un leve dolor en las mejillas.

A los minutos estaba sentada en aquella cama inmensa que

representaba todo el cuarto. Una mesa de pequeño tamaño a su lado. Una ventana que daba hacía el patio de al lado y que no se veía sino solo monte. Existía un solo baño y estaba ubicado en las afueras de las habitaciones, es decir, era público. Al revisar mi monedero, mis ojos brincaron sobre el par de billetes rosados que me quedaban, pues todo había subido no solo el doble, sino el triple de su valor. Me daba cuenta que no solo había crecido mi cuerpo sino también el precio de las cosas.

No tenía para pasar otra noche en aquel lugar, esos billetes no me alcanzaban para eso. Por un momento, sentí más que miedo, sentí terror porque debía regresar a la casa por más dinero. Pero mi padre no tenía, pues le había agarrado todo lo que le quedaba en la cartera. Así que me tranquilice, me acosté en la cama a pensar que podía hacer. Mi estómago no paraba de rugir así que saque de mi bolso dos grandes mangos, una manzana y unas fresas que había agarrado de la cocina antes de venirme. Yo sentía en mi cuerpo un optimismo de que las cosas iban a cambiar y sé que debía moverme rápido porque estaba lejos de mi casa pero cerca del pueblo y mi padre iba y venía de allá todos los días.

Después de comer un par de frutas, se empezaron a escuchar unas personas riéndose a carcajadas afuera de mi cuarto. Me quede acostada boca arriba en la cama y escuchaba sus largos cuentos y las carcajadas. Por un momento sentí que si me hubiera quedado más tiempo en aquella casa aislada me hubiera vuelto loca. Sentí mucha curiosidad de saber sobre esa gente y cualquier consejo que pudiesen darme, así que salí a inspeccionar.

Pero todo estaba en orden, el ruido provenía de la parte trasera del hotel. El señor de gran tamaño no se encontraba detrás del mesón oxidado. Así que no quise seguir avanzando. Me regrese a mi habitación y me acosté a dormir, pues al día siguiente tenía que llegar al centro del pueblo a buscar un trabajo.

El calor de la mañana me despertó. El sudor recorría todo mi cuerpo, así que me levante para bañarme. Al salir de la habitación, estaban haciendo fila un poco de personas para entrar al baño. Al mirarme una señora obesa, me dijo:

- Ven hacer tu fila antes que se levanten las demás personas.

Me apresuré para realizar la fila. Todos estaban felices, el hecho de levantarse a trabajar los ponía alegre. Por un momento, sentí que era un sueño porque nadie sentía felicidad al ir a trabajar, lo contrario, la gente se levantaba temprano mal humorada. Reflexionando, pensé: "ese era mi padre que se levantaba de mal humor porque tenía que trabajar".

- ¿De dónde eres, niña?- me pregunto la mujer obesa.
- Vivo hacía las afueras del pueblo.
- ¿Qué edad tienes?
- 18 años.

Nos quedamos minutos en silencio, pues la gente comenzaba a impacientarse y era la cuarta para entrar al baño, así que tenía que esperar, aguantar mis grandes ganas de orinar y oler los malos olores de la gente que estaba sin cepillarse.

Al cabo de unos minutos el señor de tamaño inmenso salió del baño. La entrada del siguiente personaje lo hizo con otro señor, quien se urgía en usar el inodoro y el otro mientras, estaría bañándose. Tras mí asombró y me mente volando en cochinadas, la señora obesa, me dijo:

- Tranquila niña, eso es normal aquí. ¿Cuánto tiempo te vas a quedar?

Pensé que podría ser mi contacto para trabajar, así que le dije:

- No sé, porque hoy se me acaba el dinero para pagar otra noche.
- ¿Y dónde te vas a quedar entonces?
- Tengo que conseguir un trabajo.
- Pues en el pueblo conseguirás algo.

El hechizo se había perdido, pues no me servía para nada la vieja con mal aliento.

Tras esperar unos minutos, unos largos y contados minutos, salieron el par de señores y entro la siguiente persona que estaba delante de mí. El señor que estaba parado delante de mí tenía la cabeza reposando en la pared. Como no quería voltear hablar con la vieja, le fui a decir que se acercara a la puerta, avanzara pues y tenía los ojos cerrados y roncando, entendí que estaba dormido de pies. Una vez que entro, venia yo. Entendí que el señor no estaba tan cerca de la puerta porque salían unos olores putrefactos del baño, pero ya era tarde, ya estaba pegada a la puerta del baño y no podía retroceder, seguía una larga fila detrás de mí. Yo pensaba en el discurso que daría al entrar al baño y el baboso que ni lo había visto y que estaba detrás intentaba tan solo entrar conmigo. Pero, no fue así. Tras la salida del señor, entre con toda mi calma al baño.

Este tenía un olor espantoso. Sus paredes verdes pero no por la pintura sino por el moho que había, me dio un asco espantoso, pero sabía que pronto me iría de ese lugarí, así que trate de obviar el hecho y de apresurarme para llegar temprano al centro del pueblo.

Durante la salida del hotel, el señor de inmenso tamaño, me dijo:

- Niña, ¿ya te vas?
- No señor, voy a buscar trabajo. ¿Existe la posibilidad de quedarme otra noche y le pago la mitad de lo que vale la habitación?

- Depende.

- ¿De qué?

- De si consigues trabajo o no, porque si no ¿de dónde vas a sacar para completarme el pago?

No supe responder, pues era una condición muy difícil, pues no sabía la suerte que me esperaba en el pueblo. Así que sin más que perder, salí rápidamente de aquel lugar.

Pero el hotel se encontraba todavía lejos del centro del pueblo, y no disponía de mucho tiempo para caminar, como lo hacía cuando estaba pequeña y regresaba a casa del colegio. Así que, al salir del hotel no sabía qué hacer, pero voltee y vi a un poco de gente parada hablando y como esperando algo, así que me quede también parada ahí, supongo esperaba que le dieran la cola a ellos para yo pedirla también. Tras esperar unos minutos pasó un autobús lleno de gente y empezaron a montarse, yo también lo hice como todos los demás. Y en ese preciso momento que el autobús arranco, pensé en mi padre y en tantas veces me había mentido diciendo que no había transporte de ningún tipo y que por eso, no podía regresar a la casa. Al cabo de un momento ya me había olvidado de él y estaba concentrada en pensar que no sabía ni la mínima idea en donde buscar trabajo, ni mucho menos que sabía hacer.

Al llegar al pueblo y caminar de un lado al otro, me di cuenta que la cantidad de personas habían aumentado, que el humo de los carros no dejaba respirar aire puro y que el ruido de la gente vendiendo diferentes objetos era infernal. Esto aunado a la gente caminando con grandes velocidades, el calor del sol sobre el rostro provocando picazón y mucha hambre. Un momento de estrés había llegado. Como cuando una bestia salvaje la sacan de su hábitat natural para colocarlo en medio de la ciudad, un caos impresionante.

Tras caminar un par de horas en el pueblo, pensando en donde preguntar, vi un anuncio en una panadería que decía: "se busca cocinera, con o sin experiencia". Me acerque a preguntar. Un hombre de cabellos rubios me atendió en su oficina que se encontraba ubicada en la parte trasera de la panadería. Sus ojos eran grandes y penetrantes. Una mirada inquietante sobre mí, me perturbaba. Tras observarme cuidadosamente, me dijo:

- ¿Qué edad tienes?
- 18 años, señor.
- ¿Vienes por el anuncio de la puerta? - Asenté con la cabeza, y continuo - ¿Has trabajado antes de cocinera?
- No, cocino muchas cosas, pero no he trabajado antes.
- Déjame tu hoja de vida y nosotros te llamaremos.

"Hoja de vida" ¿Qué es eso?, me pregunte enseguida. De que estaba hablando aquel señor, para trabajar se necesita algo más que saber realizar el oficio.

- No traigo hoja de vida.
- ¿Y entonces?

Me molesto su actitud, no sabía de qué estaba hablando, así que salí de la panadería.

El sol se estaba comenzando a esconder. La cantidad de personas había disminuido considerablemente. Comenzaba a reinar la noche en aquel pueblo caos. Al mirar mis pies, se encontraban sucios tras haber caminado la mayor parte del pueblo buscando cualquier cantidad de empleos, pero todos pedían experiencias. Acaso hasta para limpiar se requiere tener experiencias. Ese es un oficio muy sencillo.

El momento se comenzaba a complicar, mi mente daba vueltas. El señor del hotel había sido sincero en la mañana conmigo. Sin embargo, trate de apresurarme para agarrar el autobús antes de que la noche terminara de llegar. El autobús comenzó a andar y estuve pendiente, en todo momento, de donde estaba y para donde iba. Sé que me dejaba cerca del hotel porque en la mañana lo había agarrado pero no sabía cuál parada era. Así que impacientemente observaba cada letrero, cada casa, cada parada, pero no reconocía el hotel. A medida que fue quedando muy pocas personas en el autobús me fui preocupando cada vez más, porque sabía que dormir en la calle no era nada fácil, yo había visto televisión y veía muchas películas, se lo que le pasa a las mujeres en las calles, al final, les toca consumir drogas y vender su cuerpo para poder dormir y esa, definitivamente no era una opción para mí. Cuando vi aquel letrero blanco oxidado, pedí la parada del autobús y ahí estaba, aquel hotel de ventanas amarillas y paredes llenas de moho. En ese momento sentí un alivio inmenso, había llegado y a salvo a ese lugar. Lo conocía a la perfección porque había pasado muchas tardes por ese lugar cuando estaba pequeña y regresaba de la escuela. Estaba tan cerca de mi casa, un carro de ese hotel a mi casa tardaba unos 20 minutos aproximadamente, pero mi padre me había mentido y eso era lo que más me molestaba. Durante años había dicho algo que no era cierto, sin embargo, tenía ahora de que preocuparme que nuevamente termine pensando en otras cosas y me olvide de él.

La noche nítida, con pocas nubes y una luna llena muy bella que alumbraba aquellos senderos de paz y armonía. Una brisa caliente pero refrescante, rosaba mi piel. Unos insectos molestando en los oídos en todo momento, como queriéndome decir un secreto, me era desesperante. Por un momento sentí felicidad el estar de nuevo en el silencio, a pesar de haberlo odiado siempre. Al entrar al hotel, el señor estaba justo en el mesón oxidado, se me quedo mirando fijamente cuando me vio entrar.

- ¿Encontraste algo?
- No señor, ninguno quiso darme empleo.

- ¿Por qué?
- Porque no tenía la hoja de vida, por cierto, ¿Qué es una hoja de vida?

El señor lanzo una carcajada que se escuchó en todo el hotel.

- Es un papel que indica no solo tus datos sino en que has trabajado antes.
- Pero yo nunca he trabajado.
- Entonces tienes que colocar tus datos solamente y que eres capaz de hacer.
- Y ¿será que hay posibilidad que me quede esta noche? Es que usted me dijo que si no conseguía empleo no podía quedarme y no tengo donde pasar la noche.
- ¿Cuánto tienes?
- 2 billetes rosados.
- Hagamos algo- dijo el señor mientras me miraba fijamente- Yo te puedo dar trabajo mañana ayudando a mi mujer y me pagarás el resto de la habitación con lo que ganes.
- Gracias, señor.
- De nada mija, vaya a descansar. Mi nombre es Nick.

Por un momento sentí mucha alegría, pues había conseguido trabajo y de esta manera no regresaría a mi casa. Me fui a mi cuarto y luego de bañarme, me acosté un rato a dormir. Pues mañana me esperaba un día muy largo. Pero al estar en el cuarto, me pregunte: "¿En qué voy a trabajar y quien es la mujer del señor con altura impresionante?

No aguante la tentación de saber que había pasado con mi padre y decidí regresar a casa, al abrir la puerta, mi padre al verme, se levantó violentamente del mueble y me pregunto alzando la voz: ¿"Donde andabas mocosa"?. Yo me quede parada viéndolo, no esperaba verlo ni saber que decirle. Mi cuerpo solo se quedó ahí, parada, viéndolo, inmóvil y solo vi cómo se vino encima y me dio una cachetada que solo sentí arder mi cara durante unos instantes, Carlí estaba parada a su lado viéndome y riéndose. Ver su cara de felicidad me hizo no pensar en nada más y me le fui encima a arrancarle esos grandes ojos negros que sobresalían de su cara estúpida para que más nunca me viera y se riera de mí. Ese momento sentí un poder en mis manos, una fuerza que no podía contener. Sentí algo aguado y al observar mis manos, estaban todas llenas de sangre y solo escuchaba los gritos de Carlí y mi padre llorando.

Al reaccionar, estaba en el hotel, viendo las paredes llenas de moho y oliendo a hongo. Por un momento sentí una tranquilidad, había sido un sueño. Mi cuerpo sudaba y sentía el corazón acelerado. Sentía esa necesidad de olvidar su tono de voz en forma de burla cada vez que mi padre me regañaba. Esa mirada al ver mi reacción si me quitaba el televisor o no me dejaba cocinar lo que yo quería. La satisfacción de escuchar a mi padre llamarme la atención por cualquier cosa que hiciera en la habitación, si prendía la luz de noche, si cantaba, si hacia algún ruido. Ella disfrutaba cualquier cosa que supiera que me hacía daño y eso era algo que yo no podía entender. Entendía que no me quisiera pero, literalmente me hacia la vida imposible y eso era lo que más me molestaba. Confieso que, al principio, intente quererla, hablar con ella pero ella hacía que fuéramos como una especie de rivales y eso no solo me molestaba sino que me estresaba. Termine odiando a esa mujer con todas mis fuerzas. Tras unos minutos en la habitación, salí de ella para agarrar aire puro.

En una silla al frente del mesón oxidado estaba la señora gorda y se encontraba a su lado el señor de gran tamaño: Nick.

Al verme, lanzo un grito:

- Niña, ven acá. Te presento a mi mujer, la que ayudarás mañana en el trabajo que te había comentado hace rato, para que me termines de completar el pago de la noche de hoy.

La señora al verme, dijo:

- Sí, yo la conozco. Esta mañana la vi esperando para entrar al baño. Te espero bien temprano para comenzar.

Sin saber en qué iba a trabajar, no me importo. Pues, necesitaba dinero para mantenerme fuera de casa.

- Si, muchas gracias.
- ¿Cuál es tu nombre, niña?-Pregunto Nick.
- Mayller, Mayller García.
- Bueno Mayller, ella es Mirna, mi mujer.

Tras conocerla, decidí salir a tomar aire fresco, como eran mis pensados desde que había salido de la habitación. Hacía mucho frio afuera, había un aire fuerte que movía las matas de un lado a otro. Las hojas llenas de pequeñas gotas de agua. Los grillos no cantaban y el olor que tanto odiaba había desaparecido. En el cielo reinaba la luna llena, con pequeñas estrellas blanquecinas brillando, como queriéndose ver. La pequeña luz amarilla que salía de la casa alumbraba parte del suelo, así que el resto del camino era oscuro y solo.

Desde pequeña había pasado, en muchas oportunidades, frente a ese hotel que no era más que una casa con un letrero. Pero su fachada, me hacía pensar que era de mala muerte, y ahora me encontraba en aquel lugar que tanto había criticado.

Tras unos minutos de paz interna, vinieron a mí pensamientos espantosos hacía Carlí, aquellos pensamientos hervían mi sangre, como queriendo explotar y hacerle el mayor daño posible, pues estaba disfrutando de mi padre, cosa que yo no estaba haciendo y que nunca había hecho. Carlí era una mujer difícil, llena de inseguridades. A ella le encantaba hacerme sentir mal y no sé cuáles eran sus intenciones. Sé que quería vivir con mi papa a solas en esa casa y que yo, por ser ya grande, me fuera, pero siento que podíamos lograr vivir juntas y llevarnos bien. Mi padre cuando estaba con ella era totalmente diferente. Hacia cariños, colaboraba en la casa, llegaba a casa, hasta veía televisión. Aunque en muchas ocasiones intente sentarme a su lado, el inmediatamente se enfurecía y me mandaba a encerrarme en el cuarto. Ahora que estoy afuera, no quiero regresar a sentir ese dolor en el pecho tan fuerte y agobiante. Me daban ganas de desaparecer y que más nunca me vieran ni me hablarán. Nunca he entendido porque es así conmigo, porque me trataba mal y su única misión es decirme cosas para hacerme sentir mal. Capaz, por todas esas cosas es que mi mama no aguanto y se fue. Si tan solo ella me pudiese contar que fue lo que paso en realidad, pues en una historia siempre hay dos versiones.

Al cabo de un minuto, pensaba en ella, en como seria, que actitud tendría, quien era ella y donde se encontraba, pero pensar en ella también me hacía enfurecer, porque ella era la culpable de todas mis desgracias. Llore, llore tan fuerte que sentía que no tenía aire para respirar. Me calme, ya había pasado lo peor, ya me había ido y ya no formaba parte de eso. Me seque las lágrimas y entre al hotel.

En esos caminos no había ni un alma, solo, no transitaba ni un carro. Todo oscuro y tétrico. La vegetación con sus movimientos intentaban mostrar el monstruo que había entre ellas. El frio era penetrante, no soplaba el viento, todo en calma y en paz. La puerta era oscura y vieja pero no emitía ni un solo ruido al abrirla y esa era mi intención, molestar lo menos posible por si los señores estaban durmiendo. Al entrar había un hombre sentado en la misma silla donde estaba sentado el señor Nick horas antes. Se sorprendió al verme porque abrió los ojos inmensos, unos ojos grandes y negros. Tenía un brillo en los ojos increíbles. Al verlo fijamente mientras cerraba la puerta, me hizo encantarme, empecé a sentir una cosquilla que rodeaba todo mi cuerpo, me costaba moverme, mi corazón latía muy fuerte, como si se escuchara en toda la entrada. Mi cuerpo comenzó a temblar y no podía disimularlo. Por un momento no supe que hacer, solo baje la mirada al piso y continúe hacía mi habitación. Voltee antes de ingresar a la habitación y me estaba observando alejarme, me guiño un ojo y siguió viendo el televisor que se encontraba en el rincón del lugar.

Cerré la puerta y me quede sentada en la cama, imaginando su linda y hermosa cara afuera. Había visto hombres anteriormente, había compartido con niños de mi edad en la escuela, pero no había sentido esa magia que acababa de sentir con él. Mire mis manos y aun temblaban, sentía gelatinoso todo mi cuerpo. Fue un momento maravilloso que nunca había experimentado y que no puedo dudar en que me gustó muchísimo. Me acosté y no dejaba de pensar que afuera de esa puerta estaba ese hombre y esa mirada encantadora. Al abrir los ojos, ya era de día, afuera de la habitación se escuchaba el poco de gente hablando en el pasillo, así que me apresure a salir. Tenía mucha hambre, así que comí las últimas frutas que había llevado, pues no había sido mucha porque el bolso era de pequeño tamaño y por el calor, se estaban comenzando a dañar. Ahi se encontraban, la señora Mirna, y un par de sujetos más.

- Buenos días Mayller. Después que te vistas sales para irnos rápidamente, estamos sobre la hora.

Me preguntaba qué hora serían, pues mi reloj se había dañado mientras caminaba el día anterior por el pueblo. Decidió abandonarme también, después de 10 años de uso. Había sido el regalo que mi padre me había dado a los 8 años. Recuerdo ese día, me compro una torta y después de un abrazo, me dijo: "Feliz cumpleaños". Ese día no sabía en que se iba a convertir. Creo que fue el último regalo que me hizo en un cumpleaños. Desde entonces, lo guardaba con mucho amor. Asentí con la cabeza a la Señora Mirna y a poco rato ingrese al baño, con el mismo olor putrefacto del día anterior. Luego de bañarme y vestirme salí lo más rápido posible de la habitación para emprender la aventura: conseguir dinero. Era una gran oportunidad. El sol estaba comenzando a salir, así que sería bien temprano por la mañana. Por un momento, recordé a mi padre que se levantaba de madrugada para poder llegar al trabajo y sentía que si trabajaba duro iba a lograr entenderlo, sudarme el dinero, como siempre decía cuando le pedía ropa nueva, entender su mal humor y con todo eso me ayudaría a mantenerme fuera de casa.

Al llegar a la recepción del hotel, allí estaba aquel hombre que había visto en la noche, viéndome fijamente y con una sonrisa en su cara. Por un momento pensé que era un chico de pequeño tamaño, pero sobrepasaba mi estatura. Alto, apuesto, muy pero muy blanco, sus grandes músculos se le observaban en la ropa. Intente no mirarlo mucho porque se darían cuenta y eso sería un momento vergonzoso

- Mayller te presento a mis hijos: él es Luis y este pequeño es Yillmir.
- Mucho gusto.

Salimos los 4 del hotel y cruzamos la vía. Tuvimos que esperar unos minutos, porque los carros pasaban a muy altas velocidades y esos sí que no se detenían. Comenzamos nuestro camino hacía aquel bosque que se encontraba al frente del hotel, transversal a la carretera. Caminamos durante horas sobre caminos largos donde la intensidad del sol calentaba mis mejillas y quemaba mi piel. Mirna caminaba sin parar como queriendo cantar con el sonido de los pájaros. Al mirar hacia atrás venían sus hijos: Yillmir y Luis, quienes tenían una cara de satisfacción como sintiendo el aire puro que rozaba su piel que era blanca y minutos tras minutos se volvía rosada. Caminábamos en silencio sin pronunciar ninguna palabra.

Escuchábamos el sonido de los animales presentes en aquel lugar y oliendo aquel olor de monte que tanto odiaba. Mientras caminaba y observaba con detenimiento el camino para no tropezarme y caerme o por si veía un animal peligroso, pensaba en los ojos de Luis, no puedo negar que era un encanto.

Caminamos y caminamos y caminamos, me empezaban a doler los pies porque el terreno era tan irregular, pero llegamos a una hacienda que estaba marcada a sus alrededores. Era inmensa y tenía un cultivo inmenso de piña Golden, lo sé porque yo había visto un programa sobre esa fruta y muchas más., es que me la pasaba todo el día viendo televisión.

Mirna al verme, me dijo:

- Mayller recoge la cosecha de piña.

Sabía que me tocaba recoger las piñas. Al ver la actitud de Luis, quien me miraba con una sonrisa postrada en su cara en forma de burla, agarre un saco de gran tamaño y comencé a recoger las piñas que se encontraban en una plantación inmensa y Yillmir se movía rápido con la mamá, quien solo le sostenía el saco para que las metiera. Solo pudimos hacer una parte, porque éramos muy pocos y además, no traíamos un carro donde cargar todo y no podíamos con tanto peso, así comento Mirna. Quedaban más de la mitad de las piñas, se observaban diferentes haciendas. Ella comentaba que eran buenas y benditas tierras.

Después de culminar la colecta, tenía las manos destrozadas, pues en muchas oportunidades me había pinchado con las espinas que no solo tienen ellas, sino las plantas. En muchas oportunidades era incómodo.

- Vámonos muchachos- dijo Mirna- Luis ayuda a Mayller quien no va a poder con los sacos llenos de Piñas.

Y comenzamos a cargar aquellos grandes sacos. El peso había cansado mis brazos, a pesar de que Luis me ayudaba con la mitad de mi saco más su saco. El dolor en mis manos comenzaba a intensificarse porque el sudor hacía de las suyas y la tela del saco molestaba las heridas. En ese momento comencé a recordar aquellas palabras sabías de mi padre, quien siempre llegaba en las noches a la casa molesto de trabajar todo el día. Comencé a sentirme triste, porque yo siempre le reclamaba que estaba de mal humor, que no quería hablar, que todo le molestaba y yo no sabía todo lo que él hacía por mí: levantarse temprano, salir de casa apresurado para llegar temprano al trabajo, todo lo que hacía en el día y de nuevo a caminar hasta la casa.

Caminamos de regreso, esta vez, no fue una hora, para mí, fueron miles de horas cargando ese peso para llegar. Luis me miraba y me sonreía, el trataba de no hablar y yo tampoco. Aunque era algo especial estar con él, el dolor en los brazos era algo que no me dejaba pensar, ni sentir y muchos menos hablar. Al llegar al hotel, habían unos camiones, que al ver, tenía más alimentos, estaban llenos de otras frutas, se colocaron los sacos con cuidado en el carro y Mirna me pregunto si quería ir con ellos y yo asentí, quería saber que hacían con eso y bueno, en vez de llegar a dormir, seguir viendo a Luis, quien hacia algo y me veía a los ojos y sonreía, era una manera de coquetearme tan bonita. Yo me senté en la parte de adelante con el que manejaba y Luis y Yillmir se quedaron en la parte de atrás. Tras unos minutos estábamos en el pueblo bajando los grandes sacos y llevándolos a un depósito donde Mirna hablaba con unos señores y vendía sacos, mientras en el mercado Yillmir y Luis tenían un puesto y vendían. Ellos eran muy amables y en ese sitio, no eran los únicos, había muchos puestos vendiendo igual que ellos.

Estaba parada en las afueras del depósito observando a Luis. Él se apresuraba en acomodar todo, quitar la manta que cubrían las otras frutas, mientras Yillmir iba y venía limpiando todo. Lo mismo hacían las demás personas, todos concentrados, hablando, riendo, tomándose algo. Luis en varias oportunidades había tratado de hablar conmigo, pero no manteníamos una conversación. Yo no me explico que tenía su mirada, era intensa y si se me quedaba viendo por largos ratos y cruzábamos miradas, me enloquecía el cuerpo. Él había estado toda la mañana preocupado, viéndome, ayudándome si lo necesitaba. Yo si pensaba en las manos, me daba cuenta que ni podía moverlas del dolor y estaban todas sucias, así que trataba de concentrarme en otra cosa para que no me dolieran tanto. Si mi concentración era él, en ese momento, no sentía pero ningún dolor. Él me hablaba y se me olvidaba como había llegado al hotel, como era mi vida y hasta mi nombre.

Mi padre estaba presente en todos mis pensamientos, porque por un momento quería entenderlo y si él hacia un trabajo similar al que hacían los chicos a diario, mi papa era un héroe, se mataba para ayudarme. Pensé en hacer dinero y devolverle el que le había agarrado, hablar con él y llegar a un acuerdo de paz con él y con Carlí, pero desconocía si iba a poder quedarme en esa casa esa noche nuevamente, si me iban a dar dinero y cuanto, si podía trabajar y regresar a dormir. Comencé a angustiarme y ya todo se concentraba en eso.

Habían pasado horas y yo sentada viendo, calentando la piel de tanto sol, observando a todo el mundo caminar, pasear, ir de aquí para allá y ellos gritando, vendiendo, empacando. Tenía mucha hambre y serían como las dos de la tarde y ellos ni paraban de todo lo que les tocaba hacer. Miraba las pequeñas cebollas que se vendían en las gaberas, los tomates rojos y jugosos marchitaban el aspecto de los pimentones y legumbres. Tenía mucha hambre, mucho sueño y el dolor en las manos se había intensificado y los veía a ellos y todos contentos y sucios, vendiendo y yo sentada quejándome, pero es que tenía que entender mi mente que no estaba acostumbrada. Al cabo de un rato llego Mirna, que estaba hablando con los señores en un gran bodegón, les hizo señas a la señora de al lado y nos fuimos todos caminando y ellos contaban todo lo que habían hecho para recoger las piñas. Yo callada y sin decir una sola palabra, la idea era estorbar lo menos posible y poder mantenerme en ese trabajo para poder agarrar dinero. Llegamos a unas mesas y nos sentamos y en ese preciso momento olfatee comida. Tenía tanta hambre que podía comerme un plato grande lleno de comida. Olía de todo tipo de comida, llegaba a mi cualquier cantidad y deseaba saborearlas todas, pero no podía exigir, me iban a pagar todo. Cuando empezaron a ordenar, les dije que quería cualquier comida que ellos pudiesen darme, estaba muy agradecida con ellos y me pidieron el mismo menú de ellos.

Comenzamos a comer, ellos comían muy rápido y apresurados, tenían mucha hambre al igual que yo y nos veíamos todos sucios y sudados. Al cabo de comer, nos devolvimos al puesto y tuvimos un par de horas más, para luego regresarnos al hotel. Mirna me guio hacia el baño por si lo necesitaba antes de irnos y al comenzar a lavarme las manos, observo las manos todas rotas, tenía heridas muy profundas y me dijo con su cara de asombro:

- Niña, tienes las manos destruidas.
- Sí, me duelen mucho.
- Cuando lleguemos a la casa te las curo con alcohol.

Vi el diablo tras pasarme alcohol por aquellas heridas que me había causado las espinas de las piñas. Nick comentando mientras me limpiaba que ese día no habían hecho un buen negocio porque habían bastante piña en el mercado y que la gente no había comprado mucho, entonces el dinero obtenido solo alcanzaba para terminar de pagar lo que le debía por la noche anterior, pero como había visto mis manos destruidas entonces me dejaría esa noche y en la mañana tenía que buscar que hacer. Por un momento pensé que cambiaría de parecer, pues tenía en la punta de su lengua la pregunta sobre mi familia, pero para no involucrar sus sentimientos entonces decidió no preguntarlo y se retiró del escritorio oxidado, eso fue lo que creí.

Sin tener más nada que hacer me senté frente al televisor, para pensar y decidir qué hacer al día siguiente. Mi mente recordaba una y otra vez el roce entre mis manos y las de Luis mientras cargábamos el saco a mi hombro para poder avanzar. Su voz retumbaba en mis oídos. No podía dejar de pensar en ese hombre, mis ojos estaban en otro lugar, al reaccionar estaba él al frente del televisor, obstruyendo la vista del mismo y observándome con una sonrisa en su rostro rosado. Me sonroje rápidamente y pensaba que quizás se había dado cuenta de mi cara embobada.

- Que bella sonrisa tienes.

No supe que responder, solo nos quedamos viéndonos a los ojos. Yo sentí que paso un buen rato, porque él me miraba sonriendo y yo lo miraba deseándolo. La reacción de mi cuerpo cuando él estaba era totalmente diferente a lo que otros chicos me habían hecho sentir cuando iba a la escuela. Es más, ni me importaban, pero quería saber todo de él, no dejaba de ver su cuerpo, sus grandes brazos marcados de tanto cargar peso, su sonrisa perfecta y esos ojos grandes negros que me cautivaban. Luis se sentó a mi lado.

Mientras mirábamos el televisor sentía una corriente por todo el cuerpo, como si lo acariciaran; mi corazón palpitaba a mil por segundos y se escuchaba por todos lados de mi cuerpo. Pensaba que si él estaba buscando conversación todo el tiempo era porque también había sentido lo mismo por mí y eso era fascinante. Por un momento me sentí en las nubes pensando en él, pero recordé que hasta esa noche estaría en ese lugar que minutos antes lo veía bonito, rosado, iluminado. Tal vez, hasta esa sería la última vez que lo vería. Así que me levante para irme a mi cuarto y recoger mis cosas. Al hacerlo, Luis me dijo:

- ¿Ya te vas a dormir?
- No.
- Entonces, ¿Por qué te vas?
- A dormir.
- Pero me dijiste que no ibas a dormir.

No supe que responder, así que me senté en la silla a observar la televisión. Nuevamente se escuchaban aquellas carcajadas en aquel lugar: era Mirna con el resto de los señores que allí se quedaban. De costumbre tomaban para descargar las energías del trabajo del día y antes de la medianoche se acostaban a dormir. Aquellos señores que conducían los camiones desde la hacienda al pueblo eran aquellos que vivían allí, pues eran sus trabajadores.

CAPÍTULO IV

Toda la noche pensando que hacer, en mi mente se repetían una y otra vez las palabras sabias de mi padre, que con mi egoísmo no lo había apoyado sino que le reprochaba su actitud y no veía que el sufría diariamente trabajando para poder comprar la comida, comprarme ropa, darme mis lujos. Sin embargo, a pesar de que los últimos años no iba a casa a comer ni a dormir, ni mucho menos a llevar comida de igual forma con el mercado que hacía una vez cada vez me mantenía esos meses que no aparecía. Pensé en volver a casa y decirle que me había equivocado.

Al amanecer me fui caminando por los alrededores de la carretera, a pesar de que muchos vehículos y camioneros se detuvieron para ofrecer llevarme, no les preste atención y continúe el camino a pies. Mis manos estaban destrozadas y me dolían de una manera exagerada, pero pensar en esos pequeños momentos que había visto y hablado con Luis me eran suficientes para olvidarme del dolor.

Al llegar a casa intente abrir la puerta con mi llave pero esta no abría. Intente un par de veces abrirla pero no lo logre, así que le di la vuelta a la casa y entre por la ventana de la cocina. Todo estaba en orden como lo había dejado días antes, la cocina, la sala, el baño y hasta mi cuarto.

El sol sobre el techo provocaba un calor infernal en aquella casa, así que después de bañarme porque en el hotel no lo había logrado por la cantidad de señores que estaban esperando para usarlo, comencé a cocinar mi desayuno. Pensaba, mientras observaba como el huevo se freía en la sartén, lo que le iba a decir a mi padre cuando lo viera entrar por la puerta. Después de comer me fui a mi cuarto para descansar un poco, pero escuche la puerta abrirse así que salí a ver quién era. Carlí comenzaba a entrar con un conjunto de bolsas llenas de cosas. Al verme, sus ojos saltaron de su cara, no se esperaba mi presencia ni mucho menos yo me esperaba verla a ella. Carlí grito:

- ¿Qué haces aquí, ladrona?

En ese preciso momento, me moleste, no sé porque no había pensado en ella, en todo momento pensaba era en ver a mi padre y hablar con él, contarle todo lo que me había pasado y había hecho. Al ver su cara me comencé a molestar, mi sangre hervía en mi cuerpo, sentía el calor que emanaba, mi cara se ponía roja, como si me la estuvieran apretando con un gancho, era una sensación espantosa, sentía una fuerza sobrenatural y las manos temblaban de un lado al otro. Se me olvido todo aquel discurso que había preparado en la noche anterior a mi padre. El brinco a la puerta y al verme parada en la mitad de la sala, salió corriendo a gritarme.

Trate de calmar a mi padre, quien no dejaba de decir incoherencias de la molestia que le había causado el robo de su dinero, intente explicarle pero este no escuchaba y no paraba de hablar una y otra vez. Carlí una vez colocado la cantidad de bolsas en el mueble y viendo la actitud que tenía mi padre, me dijo:

- Maldito el día que te metiste con la madre de ella. No se podía esperar menos.

Se me olvido la presencia de mi padre, pues mi madre era bendita delante de ella, su boca sucia no podía hablar de ella, así que tras empujar a mi padre a un lado, me le fui encima a Carlí. Sentí el mismo odio que había sentido en el sueño, su cara sonrojándose dentro de mis manos como tratando de buscar oxígeno y seguir hablando mal de mi madre. Para que se callara, comencé a golpearle la cabeza, una y otra vez, contra el suelo. No escuchaba nada, no sentía nada, no controlaba nada. Comenzó a salir sangre en el piso, cerró los ojos y desvaneció su fuerza.

Mi padre estaba sobre mí, intentando quitarme de encima de su mujer, pero la fuerza que utilizó no logro controlarme, hasta que llegue a la realidad, pues había logrado que le saliera mucha sangre y estaba regada en el suelo. Eso me asusto, así que me levante enseguida, mi padre se le lanzo encima para despertarla pero Carlí no se movía ni hablaba. Mi padre comenzó a llorar. Sus gritos se escuchaban en toda la casa, retumbaba el sonido de su llanto en mis oídos. Al voltear a verme, sus ojos rojos llenos de lágrimas, me dijo:

- Si a esta mujer y a mis hijos les pasa algo, te mato en donde te encuentres. Ahora vete, no te quiero ver más en la vida.
- ¿Hijos?
- Si, ella está embarazada y va a tener dos bebes míos.

Aquellas bolsas estaban llenas de ropa de bebe, por eso la gran felicidad que tenía el día de mi cumpleaños que estaban celebrando en el pueblo y llegaron borrachos a casa. Sus palabras eran incoherentes, pero estaban hablando justamente de bebes, pero no entendía muy bien. No supe cómo reaccionar, así que fui a mi cuarto y solo escuchaba el llanto de mi padre despertando a esa mujer con lindas palabras en su boca. Palabras que nunca había escuchado hacia mí. Recogí mis cosas y tras pasar a su lado me grito:

- Eres una desgracia en mi vida.

Al verlo y escuchar sus palabras, salí de esa casa para esta vez no volver. Me encontraba en shock. No tenía idea si esa mujer estaba viva o la había matado. Porque si estaba muerta la policía me buscaría para meterme en la cárcel y el pueblo era muy pequeño. Me encontrarían fácilmente. Pero no sabía que hacer, así que caminaba y caminaba por los alrededores de la carretera, por donde minutos había caminado construyendo un discurso para él, para que me perdonará el robo y mi actitud durante muchos años.

En algún momento durante ese caminar había pensado en quitarme la vida antes que la policía me atrapara pero las ganas de conocer y buscar a mi madre era más grande que cualquier cosa. Me sentía miserable, porque él estaba llorando en casa. En el sueño que había tenido noches antes había ocurrido algo similar, así que ese era mi destino. Al ver, me encontraba en el hotelucho que había estado momentos antes, con ganas de continuar caminando, decidí pasar hablar con Nick.

- Nick, ¿todavía tienes desocupada la habitación?
- Si, ¿tienes para pagarme?
- No, pero podría pagarte con lo que trabaje con tu esposa
- Pero, tienes las manos destrozadas, así no puedes trabajar.
- Yo me coloco unos guantes, ellas se acostumbraran.

Nick al ver mi interés asintió con la cabeza y me dio la llave de la habitación. Coloque mis cosas en el lugar y salí a sentarme cerca de la casa, donde se veían pasar todo tipo de carros a grandes velocidades, se podía sentir el aire pasar por nuestra cara, un aire solo y triste. Pasaron segundos, minutos, horas y yo sentada en aquel lugar. Por un momento sentí aquel dolor en el pecho que me agobiaba el pensamiento pero no lloré. Mis ojos estaban fijos sobre aquella grama verde. Las hormigas trasladaban su comida a su hueco para compartirla con la reina hormiga. Pensaba que era la única infeliz pero no era más que el egoísmo que me envolvió durante años o al menos eso llegue a pensar. Decidí no llorar en ese momento, porque lo había hecho tanto durante años, que ya con eso no solucionaría nada.

Luis se me acerco y me dijo:

\- ¿Me puedo sentar acompañarte?

Me sorprendió verlo, pero era importante su presencia en mi vida, así que al verlo a los ojos, no hizo falta que hablara, se sentó a mi lado en silencio y en silencio continuo durante unos minutos. Ambos contemplábamos el sonido de los grillos, un cielo negro con mucha nubosidad que comenzaba a tupir el dosel de los árboles. El frio asechaba y no nos dejaba observar hacia nuestro alrededor. Tal vez, Luis veía lo mismo que yo en ese momento, pero rompió un silencio, diciendo:

\- ¿Tienes frio?
\- No
\- Yo pienso que sí, porque tienes la piel de gallina.

Era cierto, pensé, pero no era exactamente por el frio sino que mi piel estaba comenzando a desear su piel. Cuando se sentó su brazo rozaba mi brazo, desde entonces mi cuerpo en ese lado comenzaba a darme cosquilla, estaba como sentada en el aire, no escuchaba el sonido de los carros cortando el viento, ni motores, ni nada, solo tenía el roce de su piel y un calor que el emanaba. Pero no le podía decir eso, así que le dije:

\- Bueno sí, tengo frío.

En ese momento el comenzó a reírse a carcajadas, no entendía su risa así que antes de preguntar me interrumpió diciendo:

\- Eres bien mentirosa entonces.

Me molesto así que le dije, levantando la voz:

\- ¿Por qué pues?

Él se me quedo viendo fijamente, como estábamos sentados uno al lado del otro, al voltear al mismo tiempo que él, nuestras caras estaban a una distancia muy cerca. Mi expresión en el rostro le sorprendió, así que trato de disimular sus palabras:

- No es mentirosa, sino que en varias oportunidades te he preguntado algunas cosas y me respondes otra y al darte la vuelta me dices justo lo que yo digo.

- Mm… - No había entendido, pero le dije- Vamos a creerte.

Después de sonreír durante unos minutos me invito a ir dentro del hotel, pero antes me ayudo a levantar del piso. Extendió sus grandes brazos, donde la fuerza expresada en los músculos de sus brazos, hacia desearlo más. La espalda ocupaba un gran espacio en su cuerpo y su color en los labios, hacía que quisiera probarlos, sentirlos cerca de los míos.

Al entrar, Mirna y Nick se encontraban sentados viendo la televisión en el par de sillas que estaban al lado del mostrador oxidado donde atendía. Ambos voltearon y se nos quedaron viendo fijamente como sospechando algún hecho que no estaba pasando entre los dos, sino simplemente en mí. Así que me dio mucha pena y trate de disimular el momento, saludando a una distancia a Mirna y por supuesto a Nick quien no dejaba de mirarme como escudriñándome el pasado y suponiendo el por qué estaba en aquel lugar.

Tras unos segundos incómodos, Luis se sentó en el piso invitándome a hacerlo para observar la novela. Por un momento quería salir corriendo a mi cuarto, pero era imposible que supieran mis sentimientos que estaban comenzando a crecer a toda velocidad, así que me senté al lado de Luis observando como una estatua la televisión. Las horas pasaron muy lentas y yo allí sin moverme. De repente, Mirna se levantó del sillón y se puso a cerrar la puerta de hotel, mientras Nick se despedía y se alejaba a su habitación. Cuando ellos se levantaron, nos pasamos los dos a las sillas. Yo pensaba en quedarme un rato más, no había dormido la noche anterior pero había sido tanto estrés lo de Carlí y mi padre que no quería estar sola y pensar en ellos. En esto no había volteado a ver a Luis, pero cuando lo hice, estaba dormido en la silla, con la cabeza quebrada como cualquier gallina despescuezada. Tras observar su linda cara, decidí llamarlo pero se veía tan bello que espere unos minutos antes de despertarlo.

Pero, no sabía cómo despertarlo. No sabía si llamarlo, moverlo. Entonces le toque el hombro para que se despertara y tenía la piel suave y prensada, ya me imaginaba acariciándole el pecho y la espalda y esos grandes brazos y en ese preciso momento Luis abrió los ojos disimulando su cansancio y dijo:

- Mejor me voy a dormir. Buena noche.

Y caminó noctambulo por el pasillo. Al levantarse de la silla, su ropa rosaba su piel marcando claramente las protuberancias de su cuerpo, como si no tuviera ropa. Así que mis ojos se fueron con él, recorriendo ese cuerpo que estaba deseando de una manera impresionante. Yo también me fui a dormir, apague las luces y me acosté en la cama, que estaba completamente limpia y arreglada. Ya mis pensamientos eran obsesivos, no podía dejar de pensar en ese hombre, y lo peor es que a pocas horas estaría nuevamente viéndolo y compartiendo con él.

- Buenos días- les dije a las personas que estaban haciendo la fila para entrar al baño.

Sentía la necesidad de verlo a esa hora de la mañana, con ese calor característico del lugar, pero no estaba. Mirna salió del baño y entraron en su lugar un par de señores. Pensaba que tal vez ellos tendrían donde bañarse, pero si era así entonces porque Mirna y Nick hacían esa fila. Así que con la duda me quede.

Empezamos a recorrer los caminos para llegar a la hacienda, nuevamente iba tras Mirna y detrás de mí Luis y Yillmir. Ninguno pronunciaba palabra pero su rostro reflejaba sus sentimientos. Esa mañana había sol, sin embargo, no molestaba en la piel pues la brisa fría erizaba cada uno de nuestros cuerpos, sería aquel día la entrada de la época de lluvia.

Al llegar a la hacienda, comenzamos a trabajar. Mirna, Yillmir y Luis me observaban fijamente sin moverse, entonces al verlo, sonreí y les dije:

- ¿Qué paso?

Mirna, viéndome me dijo:

- ¿Qué piensas hacer con tus manos?
- Me las protegeré con este trapo- me amarre una camisa que había picado en dos partes iguales, sobre la palma de la mano para evitar romperme las manos-¿vieron?

Mirna sonrió y comenzó a recoger las frutas. Recogí la cosecha que quedaba en aquel lugar, y nuevamente Luis me ayudo a llevar el saco al hombro. No era la misma hacienda que habíamos ido la vez pasada, era otra más grande y la inclinación hacía que nos cansáramos más, cosechábamos patilla y eran grandes. Solo podíamos llevar unas cuantas porque no podíamos con tanto peso, supongo que ese trabajo era para un grupo grande de personas, pero ni idea, trataba de no preguntar nada. Mientras Luis amarraba el saco se veía su fuerte espalda, que en la noche había admirado. Sus brazos expresaban la fuerza que hacía para levantar el saco y llevarlo a mi espalda. A pesar de que pesaba, seguí mi camino hacia los camiones.

En la vía, recordé lo ocurrido en mi casa con Carlí, así que mi mente comenzó a experimentar miedo, miedo a que me agarraran en el pueblo por haberla matado, así que debía pensar que podía hacer.

Esa angustia hizo que comenzara a comerme las uñas y a mirar fijamente la vía que íbamos recorriendo. Al despertar de mi espacio, Luis me estaba viendo y me dijo:

- ¿Qué te sucede?
- Nada, ¿por qué?
- Por un momento, tu cara de psicópata pagaba la rabia con las uñas sucias de parásitos recogidos del piso.

Sin responderle, continúe en mi mundo. En ese momento tenía más preocupaciones que estar comentándole que estaba sucediendo. A pocos minutos estábamos en el pueblo. Yo sentía que todos me miraban y me decían: "asesina", así que intentaba no verle la cara a las personas que no dejaban de mirar, como si vieran a un monstruo. Eso me causaba caos en la mente así que entre al depósito y no salí del lugar. Por un momento, también sentí que Mirna pensaba que yo la estaba vigilando, y me miraba con unos ojos entrecerrados como un águila estudiando a su enemigo, donde el pico afilado y alargado asecharía cuando se sintiera amenazado. Pero no me preocupaba eso en ese momento, ese era su negocio y si robaba a su familia no tenía nada que ver en eso.

Ese día vendió muy bien el precio de las frutas y al salir le hizo la seña a Yillmir y a Luis para comer como había hecho la primera vez que había ido. Yo los seguí y comenzamos a comer.

- Vendimos barato las frutas porque la gente no está comprando casi.

Pero, eso no era lo que había dicho el señor del depósito. Entendí cuál era su estrategia, decía que no había obtenido un buen precio de las frutas y les daba una miseria de dinero. La mire fijamente y Mirna continuo comiendo tratando de esconder sus pensamientos, y sintiendo que yo la había desnudado. Sabía que yo sabía, pero no comente absolutamente nada, pues si sus hijos no habían dicho nada porque yo lo haría. Así que me fui a lavar las manos para luego agarrar el transporte e irnos al hotel. Mirna entro a lavarse las manos pero solo me miraba y no pronunciaba ninguna palabra, así que disimule y salí del baño.

Esa noche comenzó la lluvia, justamente la señal del televisor se caía así que me tocaría ver la lluvia caer por la ventana como acostumbraba a hacerlo en mi casa. Pero, antes de colocarme en la ventana Mirna se acercó para darle el dinero a Nick que correspondía el pago de la habitación, pero al ver el movimiento en secreto me les acerque y al recordar la trampa que tenía Mirna, dije:

- ¿Será que el dinero que gane en el día me lo podría dar a mí Mirna?

Ella miro asombrada y sus ojos saltaban como queriendo decirme "no digas nada". Nick dijo:

- Sí, me parece bien. Ese es el dinero que ganas por el trabajo forzoso que haces con Mirna y merece que te pague como a los demás.

Ella, sin poder refutar me dio el dinero exacto para pagar la habitación. Y contando el resto del dinero, como tratando de hacerse la loca sobre el asunto. El dinero lo coloco en el mostrador oxidado y sin verme a la cara, le dije:

- Pero, eso solo me alcanza para pagar la habitación.

Me comenzaba a molestar, y me miro diciendo:

- No están pagando bien las frutas.

Nick viéndome fijamente confundido, pues no entendía lo que ahí estaba sucediendo. Pero ella estaba explotando a Luis y a Yillmir, trabajando diariamente por una miseria que no alcanzaba para nada.

Como podría hacerles eso a sus hijos, por lo que me molesto más aún, y le dije:

-   Pero, eso no fue lo que yo vi.

De inmediato ella dejo de contar los pocos billetes que tenía en la mano para verme con unos ojos que quería reventar sobre mí, sus labios temblaban de ira. "Ella no sabía con quien se había tropezado pues si había matado a Carlí y a sus dos bebes podía matarla a ella tranquilamente. Había mucho monte alrededor del hotel y nadie la encontraría, además de que era un ser a la izquierda", eso pensé mientras se cruzaban nuestras miradas.

Ella viendo a Nick dijo:

-   Está bien.

Y me lanzo un par de billetes marrones en el mesón sobre los verdes con que pagaría la habitación. En ese momento, me sentí poderosa, pues aquella ladrona estaba en mis manos, así que le sonreí y los tome muy tranquilamente para pagarle a Nick quien me miraba en silencio tratando de entender aquella situación que en un momento se había coloreado de rojo. La energía que emanaba nuestros cuerpos se había liberado en el ambiente, haciendo calor en ese momento. El frio y la brisa que traía la lluvia habían desaparecido por segundos en ese momento.

Yillmir, miraba desde el pasillo la situación, pero ninguno nos habíamos dado cuenta, hasta que Mirna lanza los billetes marrones y se retira, al verlo se detuvo por un segundo mirándolo a los ojos, pero disimulo y continuo caminando. Mientras le pagaba a Nick, sentí una mirada sobre mí, así que voltee a ver hacia el pasillo y estaba observando el dinero que tenía en la mano, pero por mi parte yo no podía hacer nada, así que guarde los billetes en el bolsillo de mi pantalón y me coloque en la ventana que había al lado de la puerta del hotel para mirar la lluvia. Lo antes sucedido pasó a segundo plano cuando recordé que nadie me había reconocido en el pueblo, que la policía andaba por allí y no me habían llamado la atención, por lo que tal vez, Carlí estaba viva.

La lluvia caía fuertemente en la grama. Las hormigas escondían la entrada de su hueco para evitar que se les inundaran sus casas y no se escuchaba ningún ruido de animal.

Luis a unos segundos estaba a mi lado en silencio.

- ¿Tu mamá es Mirna?- Le dije, como tratando de averiguar un poco sobre él.
- No.

Voltee a mirarlo fijamente como para intentar adivinar. Luis continúo:

- Mis padres murieron cuando nació Yillmir, yo tenía 9 años, y Nick nos crio a Yillmir y a mí.
- ¿Y Mirna?
- Es la mujer de Nick, pero ellos están separados desde hace años, lo que pasa es que ella no se ha ido aún.

En ese preciso momento entendí la actitud de Mirna con ellos, los estaba robando y nadie se había dado cuenta. Esta vez no sería yo quien se los dijera, sin embargo, Yillmir quien no era un tonto se había dado cuenta de algo. Luis no continúo hablando sino que miraba nostálgicamente las gotas de lluvia, por lo que voltee a seguir contemplando aquel ambiente, que me traía mucha nostalgia. Más aun, sentía algo más especial por Luis porque tal vez el me entendería lo que era no tener uno de sus padres al lado, bueno en realidad no tenía a ninguno, porque mi padre me trataba como si no fuera su hija.

Una vez sesada la lluvia, Luis había comenzado a contar sus

aventuras con Yillmir cuando estaban pequeños; como se divertían corriendo de un lugar a otro, los días en que iban a la escuela; los días que comenzaron a trabajar; sus mejores momentos que los recordaba como los más felices de sus vidas. Al paso de los días nuestros encuentros después de trabajar y llegar a casa se hacían más placenteros pues nos sentábamos los tres a contar nuestras aventuras que en mi caso, contaba cuando iba para la escuela sin tocar el tema de mi padre.

CAPÍTULO V

En una de las noches en que hablábamos de nuestras aventuras, le pregunte a Luis:

- ¿No te gustaría algún día hacer otra cosa que no sea cargar sacos para vender en el pueblo?

Luis asombrado de mi pregunta y desnudo ante sus pensamientos de progreso dijo:

- Por supuesto
- ¿Y qué haces para tratar de hacerlo realidad?
- Nada, ¿qué propones?
- Irnos a la cuidad, estoy cansada de oler a monte, de tener estos últimos meses las manos llenas de espinas, de que Mirna se aproveche de nuestro trabajo, robándose el dinero que nosotros hacemos. Estoy cansada de vivir así. ¿tú no?

Luis sorprendido ante mi reacción y enterándose de las malas prácticas del dinero que hacia Mirna me dijo:

- Pero irnos a la cuidad implica seguir haciendo lo mismo, pues la cuidad es hasta más difícil que el pueblo.
- Entonces busquemos una solución, podemos estudiar, allá alguien que termine el colegio tiene más posibilidad de conseguir un mejor empleo y ganar más sin tanto esfuerzo.

En ese momento, yo estaba haciendo la relación de amistad más seria pues le estaba proponiendo a ese hombre que me había enamorado en tan solo un mes, una meta a tiempo no definida. Pensé que su respuesta sería otra, pero asentó afirmativamente.

En unos días estábamos investigando la inscripción en un colegio de adultos que implica menos cantidad de años invertidos. El estudio no podía intervenir con nuestro trabajo, por lo que hacíamos la recolección y siembra de frutas desde muy temprano en la mañana y cuando llegaban los camiones ya estaban listo los sacos, solo tenían que esperar a Mirna. Esperábamos para trasladarnos al pueblo, cuando llegábamos, nos íbamos al puesto a vender y Mirna se iba a la venta, recorría varios mercados entregando pedidos y luego nos encontrábamos para comer, cuando terminábamos nos íbamos al hotel, nos arreglábamos para luego irnos a clases en el transporte de la carretera, como muchas veces se tardaba a esa hora caminábamos los tres un rato largo y nos adelantábamos para agarrarlo más adelante y más vacío.

Fueron pocos los momentos pero fueron muy bonitos porque todo el día estábamos juntos, ese hombre fuerte se había convertido en mi compañero. Mis sentimientos eran diferentes, habían pasado a otro nivel, pues al comienzo lo deseaba de alguna manera exagerada, pero esta vez ya era más allá de eso, era una necesidad de estar con él a diario, era el oxígeno que respiraba, era el hombre perfecto de las películas de la televisión, era el príncipe que toda mujer deseaba tener a su lado. Me había logrado olvidar de los problemas tontos que me agobiaban, me había olvidado de concentrarme en la búsqueda de mi mamá en el pueblo. Comencé a reírme. Todos los días iba al trabajo feliz porque tenía que levantarme y verlo, ya de broma ni dormía porque quería escuchar sus aventuras así contara las mismas siempre, terminábamos riéndonos como si fuera la primera vez.

Los fines de semana no íbamos a trabajar, así que nos sentábamos y yo les explicaba cualquier cosa que no hubiesen entendido. Cuando yo estaba en casa sola, yo leía una y otra vez los libros que tenía, así no fuera a la escuela. Entonces sabía algunas cosas. Ellos si tenían un poco más de dificultad porque solo habían hecho los primeros años y no continuaron por el trabajo, se les habían olvidado leer, escribir bien, pero con el paso de los días iban agarrando el hilo al proceso. Al comienzo Yillmir se quedaba con nosotros pero al pasar los días comenzaba a alejarse, pues se daba cuenta que sobraba en el lugar. Eso me alegraba porque así tenia a ese hombre solo para mí, a mi lado. También jugábamos, tomábamos con los señores del camión que eran personas muy agradables. Era una casa pequeña pero vivía bastante gente. Una que otra vez llegaba una persona a dormir pero era rara vez.

Uno de los tantos juegos que hicimos, jugamos "el escondite" por todo el bosque. Luis contaba mientras Yillmir y yo nos escondíamos. Yo busque un escondite detrás de un árbol, pero el árbol era muy flaco, por lo que me veía, así que Luis dejo de contar y me vio rápidamente. En ese momento nos miramos y sonreímos porque sé que me atraparía, así que salí corriendo para que no me alcanzara y al intentar cruzar la carretera apareció un carro de la nada que al verme, en vez de bajar la velocidad la mantuvo. En ese momento, en ese preciso momento vi pasar mi vida por mi mente, pensé en las cosas malas que había hecho y cerré los ojos para dejarme llevar y solo sentí un apretón por un brazo halándome hacia su cuerpo. Caí encima del cuerpo de Luis. Recuerdo que fue cuestiones de segundos y los ojos de mi padre viéndome, la carcajada de Carlí, esas cuatro paredes de esa casa, ir y venir los carros una y otra vez, habían sido momentos tan agobiantes. Tenía la mente sumergida en esos momentos, al reaccionar estaba sintiendo el fuerte dolor en el brazo por el apretón de la mano de Luis. En ese momento, Luis me dijo al oído:

- Yo te voy a cuidar princesa.

Sentí como mi piel se helo por completo, no podía decir nada, solo quería comérmelo a besos. Sentí sus labios rosados sobre mi oído diciéndome esas hermosas palabras que hoy por hoy los recuerdos como si fuera ayer.

A partir de ese momento, Luis me cuidaba en todo momento, pues él sabía que Nick alquilaba habitaciones a cualquier persona sin conocerlo, pues solo le importaba que le pagaran su noche, y muchos de estos no tenían muy buenas intenciones, por lo que comenzó a cuidarme. Me llevaba a la habitación y hasta que no cerrará la puerta no se retiraba. A veces nos poníamos a jugar con la puerta, pues él tenía que irse no más yo cerrara la puerta y en muchas oportunidades no la cerraba para que no se fuera.

Recuerdo uno de esos tantos días en que teníamos clases y nos tocaba los exámenes, yo tenía la habilidad de hacer amistades fácilmente porque ayudaba al que no supiera leer o escribir o se le dificultara, así que había un compañero de clases, un señor, que no recuerdo su nombre, pero era muy agradable, me invitaba a que me sentara con él y le explicara. Una de las veces me invito a comer, pero le ponía excusa que después de salir del salón tenía que irme rápido a casa, hasta los fines de semana, que yo sabía que nosotros no abríamos el puesto. No entendía porque Luis le molestaba cualquier cosa, no podía ver que me hablaran porque hacia berrinches de niño. Una de las tantas veces, se retiró del salón sin haber terminado la clase. Al culminar, el señor me acompaño al mercado a ver si lo veíamos pero no estaba, así que me fui al hotel, Luis tenía una cara a kilómetros, parecía un niño malcriado de 10 años, así que tras sonreír cuando lo vi, intente acercármele para molestarlo, y se levantó de inmediato tropezándome el cuerpo. Sentí el golpe fuerte y contundente en el hombro que me quedo ardiendo un gran rato. Me molesto mucha su actitud, porque solo estaba siendo amable. Me provoco buscarlo a la parte de atrás del hotel y mechonearlo para que reaccionara por su actitud, pero no podía hacer un escándalo, Mirna buscaría cualquier excusa para botarme de una vez por todas del hotel.

Yo me fui a mi habitación y no dejaba de pensar una y otra vez en el berrinche de Luis que me molestaba rotundamente, pero al cabo de un rato estaba llorando, me gustaba tanto y estaba pensando que se yo en su habitación. Luis era mayor que yo y se comportaba como niño, deseaba poder hablar con él y que entendiera que si estaba pensando en otra cosa, que se olvidara, mis sentimientos por el eran inmensos, tan inmensos que deseaba estar en ese momento acostada con el abrazándolo y oliendole todo su cuerpo, sintiendo su calor, sentir la debilidad que sus brazos abarcaran todo mi cuerpo, sentir sus labios cerca de los míos, escuchar su respiración cerca a mis oídos, eran tantas cosas que yo quería que él se diera cuenta. Sentí una desesperación, porque estaba llorando sola y sintiendo esa presión en el pecho, así que salí al patio a sentarme donde acostumbraba a hacerlo para ver si Luis salía de su habitación y quería hablar conmigo, entonces sabría dónde encontrarme. Tratábamos de no vernos mucho en el hotel porque todos se podían dar cuenta que hablábamos mucho, aparte del tiempo que la pasábamos y así evitábamos inconvenientes con el Señor Nick.

La tarde tenía mucha humedad pues estaba el ambiente en plena evaporación. Las gotas de agua se comenzaban a posar por mi cara, como intentando sacar también de mis poros la poca cantidad de agua que pudiera tener. Pasaron horas y yo sentada en la pata del árbol, esperando a ver si Luis aparecía y me hablara. El cielo se puso negro, no había ni una sola estrella. Dejo de pasar carros y camiones a gran velocidad por los alrededores, solo estaba mi sombra y yo en ese momento. Por un momento pensé que Luis no saldría a hablarme pues ya era la hora de dormir, así que tras tener flojera de levantarme, me quede unos minutos reflexionando: habían pasado como 4 horas y yo sentada esperando que el saliera como una tonta para explicarle algo que no tenía sentido a alguien que no tenía nada conmigo y que en esos dos meses que habían pasado no había hecho, absolutamente nada, para decirme que yo le gustaba o al menos, que sentía algo por mí, estaba perdiendo mi tiempo, definitivamente. No había ahorrado, estaba gastando el dinero en estudiar y pagar una habitación y lo peor, es que estaba esperando por él, estaba en ese lugar porque él me gustaba mucho y era la única que sentía algo, así que comencé a levantarme y en ese momento sentí la puerta cerrándose.

Luis salió sin mirar y disimulando que no existía se sentó a mucha distancia de mí, en un árbol de gran tamaño que tenía una raíz de anclaje en el suelo, como formada a propósito para el reciclaje de nutrientes. La caída de las hojas y agua se acumulaba en ese canal como evitando que se escapara y de esta manera los huéspedes lo ayudaran para alimentarse con su propia materia. Luis sentado dentro de esas raíces como intentando arroparse, todo el material que estaba adentro del canal comenzó a lanzarlo de un lado a otro.

Yo no sabía qué hacer, si sentarme a su lado o irme o reclamarle. Solo sé que me levante y me senté a su lado. En una de las raíces que sobresalían de la canal, quedaba a su atura y solo veía su mirada ida y sentía un calor que emanaba de su cuerpo, como evaporando agua, estaba molesto, muy molesto, pero porque lo estaría, esa era mi pregunta, que pasaba con él.

Luis sin voltearme a ver, me dijo:

- Vete Mayller, no quiero hablar contigo.
- No te estoy hablando -les respondí.

Su indiferencia me mataba, pues tan solo quería estar con él, con él y con más nadie. Desde hacía dos meses me había quedado en aquel hotel tan solo para estar con él. Tan solo si el supiera mis sentimientos.

- Entonces vete.

Su tono era molesto, como si hubiera decepcionado algo de él.

- No quiero. ¿Por qué me dejaste de hablar?-Le dije
- Porque si, ¿no puedo?

Intente pensar que decirle, pero cuando voltee a verlo para explicarle, me agarro la mejilla con sus grandes manos y acerco su cara a la mía.

En ese momento sentí un estrellado en el corazón, no podía ni mirarlo a los ojos. Mi cuerpo perdió toda la fuerza posible. Sentía su respiración en mi nariz, sintiendo sus grandes manos heladas en mi cara. Intente mirarlo a los ojos pero mi mirada no podía despegarse de sus labios rosados. Esos labios que había deseado desde el primer día que lo había visto. Unos labios carnosos que envolvían unos dientes grandes y blancos. Al mirarlo, sus ojos no se apartaban de mis labios, sentí que él sentía lo mismo que yo, así que acerco sus labios a los míos. Era una sensación que nunca había sentido antes, nunca nadie antes me había besado. El contacto de nuestros labios era caliente, como si tuviéramos unos fosforo dentro de cada uno de nosotros. Me sentía en otro nivel, no estaba ni sentada. Sus grandes brazos pasaron sobre mis hombros, así que caí en el espacio donde él se encontraba, sentí un fuerte dolor en las caderas, pero tenía sus labios como un chupón en los míos, haciéndome una presión inigualable y deliciosa, así que me había puesto pequeña delante de él. Me abrazo fuertemente mientras nuestros labios no se apartaban, como si estuvieran pegados. No había otro mundo sino solo él.

Toda la noche soñé con ese beso, ese beso que me había desestabilizado mis sentidos y mi cuerpo. Solo quería brincar hacia su cuarto para volver a sentir sus labios, pero eso sería imposible, así que intente calmar mis ansias y dormir, pues al día siguiente tocaba levantarme temprano.

En los siguientes días Luis se portó como si nada hubiera ocurrido esa noche. Pensé que lo había soñado y por ende no me iba a comentar nada, pero me había besado con él, nuestros cuerpos se habían comunicado y el actuaba como si nada hubiera ocurrido. Intente en varias oportunidades preguntarle a Yillmir para ver si este comentaba algo, pero no era así. A pesar de que Luis le contaba todo no pudiera haber sido cierto que no le hubiera contado ese momento tan especial. Sin embargo, al pasar de los días sentía que se le había olvidado eso y por ende yo también tenía que hacerlo.

Nuestra amistad cambio por completo, porque ya no me trataba de la misma manera que antes a pesar de que andábamos juntos todos los días. Sentía que algo estaba pasando, pero no hallaba la manera de preguntarle. Desde esos días, Luis no iba por las noches a sentarse a mi lado, como lo hacíamos antes. Pero como sabía que algún día iría entonces todas las noches salía a sentarme y lo esperaba pacientemente. Pensaba que en algún momento iría pero no era así, no llegaba. Sin embargo, no perdía las esperanzas para las noches siguiente, y así fue pasando el mes. En base a ese beso soñaba día tras día.

Una mañana Luis no se levantó, a pesar de que le pregunte hasta a Nick por él, quien no supo que responder, me fui a recoger las frutas. Mi mente presento un caos, porque después de casi tres meses él no había fallado una levantada temprano, pero intente calmarme y continuar con mi trabajo. Ese día fui sola al puesto y con la esperanza de encontrarlo en el restaurante para comer, no había llegado. Solo se encontraba Mirna y Yillmir. Mirna a pesar de que no me soportaba, después de que la había descubierto con el robo del dinero, intentaba disimular. Pero Yillmir mientras comía me miraba fijamente como intentando decirme algo. En ese momento, trate de entender el momento, pero la mirada de Yillmir no decía nada.

Toda la vía Yillmir estaba pensativo, pero no pronunciaba ninguna palabra. Al llegar al hotel estaba Luis, quien al verme entrar me miró fijamente y desvió su mirada. Mirna, al ver a la chica sentada al lado de Luis se le fue encima a saludarla.

- Querida, ¿cómo estás?
- Hola señora Mirna, ¿como esta?

Sin saber quién era, me zafé del momento y me fui a mi habitación a cambiarme. Pero Mirna hablaba con un tono de voz alto como tratando de que yo escuchara.

- Luis solo hablaba de ti, queriendo que regresarás lo antes posible.

La voz de Luis no se escuchaba, tal vez, hablaba con un tono de voz bajo y la mujer tampoco se le escuchaba lo que decía.

Comenzaron mis pensamientos, esa mujer no me la había mencionado Luis, si era una mujer importante entonces debía haberme comentado algo, pero no sabía quién era. Pero, ¿sería por aquella mujer que Luis se había alejado los últimos días de mí? De igual forma Luis no se había levantado para ir a trabajar. De igual forma había caminado aquellos caminos a tempranas horas, sola. Había comido en el restaurante sola y además, había faltado a clases.

Tras días iguales, decidí preguntarle a Yillmir por aquella mujer que se llamaba 'Patricia'. Intentando evadir tal conversación, me dijo:

- No debería tocarme a mi decírtelo, pero en vista de tu desesperación por saber, esa es la novia de Luis.
- ¿Novia?
- Si, él tiene novia y se comprometieron el año pasado, y justo antes de que tú llegaras, ella se había ido a la casa de su tía porque estaba muy enferma. Y no regresaría hasta que no se curará de la enfermedad. Ella llamo hace días para decir que venía, ya que estaba bien. Luis ya había ido a verla, pero ella vive en otro pueblo lejos.
- Ah ok- Respondí.
- ¿Te acuerdas el día que Luis se fue por un día y no nos dijo dónde estaba?, ese día él estaba en la casa de sus tías viendo como estaba.

El cuento de Yillmir me había caído como un balde de agua fría, pues Luis en ningún momento me había comentado sobre ella. Camino al hotel recordé que el primer día que nos vio Nick y Mirna juntos se nos quedaron viendo fijamente como intentando adivinar algo. Al llegar al hotel, estaban ellos sentados en la silla donde normalmente nos sentábamos Luis y yo para ver televisión. Nick nos mas me vio entrar, para limar la situación, dijo:

- Mayller te presento la novia de Luis, pues Luis no lo ha hecho.

Mi cuerpo se paralizo pues no me esperaba eso en ese momento, Luis me miraba fijamente como tratando de disimular el beso que nos habíamos dado y que yo sabía que él sentía lo mismo que yo, pues esa noche no quería despegarse de mis labios. Su cuerpo temblaba de la misma manera que el mío, y al abrazarme fuerte sentí su piel y la protuberancia de su cuerpo. Sabía que él sentía algo por mí, pero él no sabía qué hacer.

Horas antes había pensado que como iba a seguir con esa mujer si durante casi tres meses había sentido algo especial por mí, como iba a estar con alguien queriendo a otra. Sentí que todo había sido una farsa, que había alimentado mi amor por él y que solo había sido algo de hombres. Sentí mucha molestia, mucha rabia, me sentía engañada y perturbada. Sin tan solo me hubiera dicho, yo me hubiera ido de ese lugar y mi corazón no sintiera eso por él de tal magnitud y todo este tiempo invertido en él lo hubiese invertido en mi mamá. Pero regrese a lo que había dicho Nick sobre la chica y ésta tenía la mano estirada con una sonrisa postrada en la cara y yo le correspondí el saludo de la misma manera. Sin comentar ninguna palabra me fui a mi cuarto con el corazón dividido en dos.

Al cerrar la puerta me lance a la cama a llorar. Me había enamorado como una loca de ese hombre, por un momento pensé que sería mío, que había llegado la felicidad para mí. Pero esa felicidad era de una mujer, no solo inteligente, sino a su altura. Había llegado tarde a la entrega de amor, había llegado tarde para que se enamorara de mí, había llegado tarde para que fuera mío, y tenía que aceptarlo como la mujer que era. Afuera, todos cantaban la felicidad de la chica hermosa, sin una ralladura en sus manos y ella simple, hermosa, con una mirada angelical. Hubiese querido saber en ese momento como se conocieron, porque él no dijo nada de ella, pero no paraba de llorar. Cayó la noche, era muy tarde ya, ya no se escuchaban los señores detrás del hotel, no escuchaba la voz sutil de ella ni de Mirna alagándola, entonces supe que todos estaban durmiendo. No podía dormir, me sentía agobiada, triste, decepcionada, aunque debo reconocer que disfrute cada momento con él desde que había llegado a ese lugar. Era un hombre maravilloso, atento, cariñoso, que fueran felices si eso quería. En ese momento comencé a pensar que iba hacer, ella estaba en esa casa, así que Mirna me haría la vida imposible para que yo me fuera, ya sobraba en ese lugar, debería buscar otro rumbo a donde irme. Salí de mi habitación y me senté en aquel árbol que extrañaría mucho, hacía mucho frio y estaba toda la vía llena de neblina, tapando la soledad de los árboles, mi soledad.

Me extraño ver salir a Yillmir quien se acercó y se sentó a mi lado, diciéndome rápidamente, como queriendo contarme algo y antes que lo detuviera, debía decírmelo:

- Sé que te sientes triste. Esa mujer no me cae bien porque es muy plástica pero antes de conocerte, ellos eran novios. Yo sabía que mi hermano no te lo había contado y en varias oportunidades le dije que te lo dijera para que no te ilusionaras y no alimentar tus sentimientos, pero quien sabe que estaba pensando él.

Sus palabras me llegaron mucho, así que al verme las lágrimas en los ojos me abrazo fuertemente, intentando apoyarme en aquel momento. Yillmir era un buen chico, mucho más joven que yo, pero se veía que el observaba todo y sacaba sus propias conclusiones sin comentarle nada a nadie, siempre callado y ausente pero más presente que todos. En ese momento, Luis se acercó a nosotros caminando fuertemente pero por la luz amarillenta de la casa no dejaba ver quién era. Era muy tarde, si acaso eran las 2 de la mañana y todos estaban durmiendo.

- Yillmir te vas aprovechar de la situación.

Ninguno de los dos entendimos la actitud, pues él tenía a su novia en su cama, él no tenía por qué reclamar algo, Yillmir se levantó y le dijo, con voz desafiante:

- ¿Qué te pasa hermano?

Patricia al vernos a distancia, salió apurada como para saber que estábamos haciendo. Ellos estaban paseando por el bosque porque aparecieron de la nada, en la casa todo estaba a oscuras y no se escuchaba ningún ruido. Al llegar a nosotros, Luis se separó de Yillmir quien se sentó a mi lado y me coloco su brazo en mi hombro. Al verme con Yillmir que estábamos juntos, saco una sonrisa dejándose ver esos dientes blancos y perfectos en sus labios y dijo:

- Eso Yill, yo no sabía que ella era tu novia.

Y lanzo una carcajada como aliviándosele los celos que le había causado mi presencia. En ese momento nadie comento nada, fue un momento incomodo, solo se escuchaba el sonido de los animales. Ella rompió el silencio agarrando a Luis por el brazo, le dio un beso en la boca y le dijo a él para irse en ese momento a dormir. Él no me quitaba la mirada de encima, mas no entendía su actitud. Luis y Patricia se regresaron al hotel y Yillmir y yo nos quedamos sentados en las afueras. Tras unos minutos, Yillmir disimulaba el hecho de que tal vez yo le gustaba.

Los siguientes días Yillmir andaba con un interés conmigo, no sé si lo hacía para molestar a su hermano quien no podía disimular los celos que le causaba verme con el hablando. Luis no trabajaba más recogiendo frutas y vendiéndolas en el mercado, ni mucho menos iba a clases, pues comentarios de Yillmir era porque la familia de Patricia tenía dinero y a ella le molestaba verlo haciendo trabajo forzoso. Él se quedaba en la casa durmiendo, mientras otro señor en las mañanas se unía ayudarnos a cosechar o a regar o cualquier trabajo que tocara en ese momento. Las cosas habían cambiado muchísimo con la llegada de ella, la presencia de Luis me hacía tenerle paciencia a Mirna, quien se había vuelto insoportable con las ganancias. Yillmir estaba a mi lado todo el tiempo, hablándome, preguntándome, ayudándome, pero él no era de mi interés, así que en varias oportunidades intentaba alejarlo para evitar problemas.

Me moría de celos ver a Patricia besar a ese hombre, que me mataba cuando me miraba con esa mirada intensa como queriéndome decir algo, pero no podía hacer nada. Intentaba no mirarlos cuando estaban juntos que era en las noches cuando llegaba. Ese sábado llegue en la noche, muy cansada, porque había sido un día muy agotador, antes descansábamos los fines de semana, pero con eso de que no había casi ganancias, teníamos que comenzar a trabajar los fines también, comenzaba a ser muy agotador. Salí de mi habitación para pagarle a Nick y Luis me interceptó en el pasillo antes de llegar al mostrador oxidado.

Su presencia me había derretido, pues lo tenía muy cerca de mí. Mi respiración acelero de tal manera que no podía evitar aquel sentimiento por él. Este me pregunto:

- ¿Andas con mi hermano para darme celos?
- Tú no tienes por qué sentir celos si tienes novia y la quieres.
- Responde, ¿sí o no?

\- Si -trate de rectificar, pues no era lo que quería decir, pero ya se lo había dicho -no, no tengo nada con Yillmir.

\- ¿Entonces no te gusto yo?

En ese momento se acercó más a mí, su fuerte brazo sostenía mi espalda que hacia apretar mi cuerpo contra él. Apretaban mis pechos sobre su pecho. Nuestros corazones latían fuertemente, sintiéndose en nuestros oídos. Intento besarme pero solo me rozo los labios y me soltó, disimulando por el ruido en la puerta de su cuarto. Temía que nos viera alguien y después comenzara un problema, pero todo había sucedido tan rápido que mis emociones no hacían que yo pensara en reaccionar, además, que había sido toda sorpresa. Ya había pasado una semana que ella había llegado y todo había cambiado mucho. Él se fue a su cuarto y yo seguí hacia el mostrador oxidado. Estaba muy nerviosa, mis manos no dejaban de temblar y no hallaba como controlar ese pequeño momento de miedo y a la vez, lujuria.

Nick estaba inclinado hacia un lado en la silla viendo la televisión, al escucharme, se levantó rápidamente para agarrar el dinero.

\- ¿Qué tienes?

Tenía una cara preocupada ante tanta tembladera de mis manos, pero tras recibir el dinero, me invito a sentarme en la silla. Seguía nerviosa y ansiosa. Sentí miedo, porque si la mujer salía y nos veía tan cerca hubiera sido un gran problema para ambos. Para evitar más problemas, no salí al patio a esperarlo, como acostumbraba a hacerlo, sino que me fui a dormir temprano.

Calculo par de horas tocaron a mi puerta. Me despertó enseguida el sonido, pues las carcajadas habían cesado, y como Luis siempre me había dicho que Nick metía a cualquier tipo para allá no sabía que mañas tenían, no sabía si abrir o no, al cabo de unos minutos tocaron nuevamente pero muy suave, así que abrí la puerta suavemente, sabía que si era uno de esos tipos, gritaría fuerte muy fuerte y yo sabía que él me escucharía, pero no había nadie. Al no observar a nadie, cerré la puerta y un obstáculo la obstruyo, así que al ver el obstáculo era la mano de Luis quien se asomó para observarme fijamente.

Sus ojos brillaban como gato asechando a su presa. Intente no sonreírle, porque estaríamos a punto de hacer algo indebido, pues el tenía su novia, pero el deseo podía más que mi mente, así que entro y me beso en los labios. Su mano grande la puso en mi cuello, manos frías llenas de nervios, mientras probaba mis labios, los acariciaba con los de él, los olía, los volvía a besar, los absorbía y luego me los soltaba. Su lengua recorría de arriba abajo los labios. Él era mi debilidad, estaba sin fuerza para oponerme a lo que él quisiera hacerme, pero se detuvo y me miró fijamente a los ojos, sin pronunciar una sola palabra.

La ventana reflejaba una pequeña luz blanca que alumbraba los ojos de Luis, ojos brillantes como un gato, queriendo ver más allá de donde no podía. Esa luz provenía de la luna. En silencio, se separó de mí y salió de mi cuarto en oscuridad. Yo me quedé prada, inmovilizada, sin poder hacer nada, no podía creer lo que había pasado y lo que había sentido. Me sentía completamente enamorada de él, estaba embobada, me sentía débil frente a sus caricias y besos, al roce de su piel, pero se fue, se alejó. Por un momento no entendí porque lo permitía, si él tenía su novia, era feliz, además que la había ocultado cuando yo llegue a ese lugar.

A los siguientes días Yillmir tampoco iba a clases y yo me sentía fuera de lugar, así que yo también deje de asistir, no era algo que yo quería hacer sola. Me enfoque en hacer el dinero para poder irme de ese lugar, ya era hora, mis manos destrozadas, piel quemada de llevar tanto sol cuando nos tocaba colectar suelo o sembrar, era momento de alejarme de ese lugar, sentía que había caducado mi estadía. Una de las tantas noches después de lo sucedido llegue al hotel y estaban, sentados, felices. Esa mujer de piel lisa y limpia. Piel que se notaba a leguas que no había sufrido ni una insolación, las manos delicadas, arregladas y pequeñas quedaban protegidas con las manos de Luis que eran grandes y rosadas. Su ropa de buena calidad dibujando su buena figura. Ojos maquillados y cabellos peinados con suavidad, era la descripción de aquella mujer fantástica y perfecta para aquel hombre ordinario y de campo como Luis.

En ese momento, cuando ingrese al lugar, se sentía como esa blancura de su parte y en mi caso: zapatos completamente sucios y llenos de tierra, manos limpias con marcas y uñas llenas de tierra debajo de ellas. Cabello y piel tostada por aquel sol intenso que hacía en las mañanas y mediodía. Jamás me podría comparar con aquella mujer hermosa que había cautivado su amor, que sabía el olor de su piel en las mañanas, que conocía a la perfección sus mañas, sus secretos, sus besos, sus miedos. Ella no era una persona que estuviese sintiendo algo de celos al verme y verse, ella era una mujer perfecta y era algo que se veía y sentía en el ambiente.

Cuando llegue a mi cuarto, deje a un lado el bolso sucio y rasgado y me lance a la cama a llorar, me sentía como un cero a la izquierda, el mismo cero a la izquierda que me había hecho sentir mi padre y ahí estaba, otra vez en el inicio de toda discusión en mi cabeza, estaba sintiendo el dolor fuerte en el pecho, estaba sintiéndome miserable y agobiada ante la situación y así era la vida, momentos muy felices y momentos muy triste, era algo que tenía que vivir para pisar tierra y saber lo que me tocaba afuera. Tenía que irme, había durado varios meses en ese lugar y ya era hora de irme para no volver.

Noches seguidas, soñando con el sonido de la puerta. Para evitar problemas, ya no salía al patio a sentarme como acostumbraba a hacerlo, para evitar verme con Luis y causará algún escándalo con

Patricia. Yillmir también se había alejado, debido a que había comenzado a sentir algo por mí, entonces era una mezcla de una locura. En muchas oportunidades escuchaba cuando la tocaban y me despertaba con mi pulso acelerado, pero no era más que mi imaginación. No dormía completamente, así que al día siguiente me dormía en los camiones, estaba todo el día cansada y no rendía de la misma manera que siempre lo había hecho. Era estresante, sin duda alguna. Antes del fin de semana, que había decidido que sería ese fin de semana, irme a buscar trabajo al pueblo, Salí a ver televisión, era ya tarde para que alguien estuviese viéndola. Me estaba sentando a verla y tropecé al sentarme en la silla e hice ruido con la silla, sin embargo, logre ver un rato televisión y al regresar a mi cuarto, lo hice con los pies en puntas para no seguir haciendo ruido y se fuera a levantar alguien. Al llegar a la puerta del cuarto, estaba Luis parado al frente de ella. Tenía una camisa blanca que hacía ver sus pechos y espaldas grandes y un pantalón negro que no se le lograba observar por la oscuridad de aquel lugar. Me preguntaba como hacia Patricia para no sentir que él se levantaba de su cama por las noches, o al menos que lo sintiera pero se hacía la loca, eso pensé.

Tras verlo, le hice señas que no, que no estaba bien que él estuviese parado a esa hora de la noche en mi puerta, que no era lo correcto. Él tenía su novia y no podía engañarla con otra mujer, que eso no estaba bien, que se fuera a su cuarto de una vez por todas. Abrí la puerta con la mano, mientras él me agarraba la otra sujetándome con fuerzas para que no terminara de entrar a la habitación, pero seguía diciéndole que no, que no estaba bien, que se fuera. Como estaba dentro del cuarto, intente zafarme pero tenía mucha fuerza y me estaba haciendo presión en la muñeca de la mano y me dolía la mano, así que le dije:

- Vete a dormir o grito para que tu mujer se pare.

Con una mueca de sarcasmo me dijo:

- No lo harás.
- ¡Vete o grito!-Le dije molesta por su actitud
- ¿Por qué tengo días sin verte?
- Porque sí.

Pero se empezaba a escuchar el susurro de nuestras voces en la casa, todo a oscuras y el peleando conmigo en el pasillo de las habitaciones. Me empujo suavemente para adentro del cuarto y cerró la puerta con cuidado. Yo al verlo adentro de la habitación, sentí mucho miedo, si alguien nos escuchaba podía tener un gran problemas e irme por las malas de ese lugar por un capricho que sentíamos los dos.

- Sal de aquí o grito.- Le dije muy molesta, no me gustaba lo que estaba pasando.
- No lo harás, no harás nada porque yo no te dejare hacerlo.
- ¿Por qué?-Dije, con ganas de escuchar lo que venía a decirme.
- Porque tú estás sintiendo lo mismo que yo -y con una sonrisa en la cara, me dijo:- ¿me equivoco?

Cuando intente contestar, me halo fuerte hacia él y pego mi espalda a la puerta del cuarto. Me tenía agarrada con fuerza, pero era una fuerza que no dolía, era una fuerza suave pero segura. No tenía manera de moverme, pues usaba tanto sus piernas como sus manos. No podía contener la fuerte respiración.

- No vuelvas a desaparecer.- Me dijo mientras me observaba con detenimiento los labios, como queriendo tomarse lo que yo producía.

El comenzó a besarme, pero esta vez era diferente, no solo sus labios ardían de calor sino todo su cuerpo. Sentía como palpitaban las palmas de sus manos en mis hombros, en mi cuello. Yo estaba derretida por sus encantos, estaba pensando en el primer día que lo vi, para mí era un ídolo, un hombre que no podía tener pero que lo sentía mío.

Teniendo sus manos sobre mi cara, con ambas piernas de él me abrió las mías y metió una de él quedando entrecruzadas las piernas y me hizo presión para llevarme a la cama. Sus grandes manos recorrieron todo mi cuerpo, su cuerpo se fusionaba con el mío. Fue un momento mágico, ni patricia, ni Carlí, ni mi padre podían formar parte de mis pensamientos. Sé que estaba cometiendo un error, tal vez, pensé, pero no podía controlar mis sentidos, mis pensamientos habían desaparecido, solo estaba presente: amor y placer.

Me desperté y ya no estaba a mi lado, se había marchado. Me encontraba soñando, pues no podía disimular lo que había sentido esa noche. Había sido un placer impresionante. Pero había regresado a la realidad, al salir del carto estaban sentados: Patricia y Luis agarrados de la mano. Patricia al verme me miro de arriba y abajo pero no pronuncio ninguna palabra y Luis solo me miraba. Salude a Nick y salí del lugar. Iba a desayunar al pueblo porque no había ido a trabajar, las horas habían pasado, ya era casi al mediodía.

Al llegar, Nick me estaba esperando y me dijo:

- Quiero hablar contigo.

Pensé que me iba a decir algo de lo que había sucedido esa noche, pero no había sido mi culpa, Luis se me había metido al cuarto y un hombre y una mujer solos no piensan cuando al frente hay una cama. Así que no podía reprocharme, pero me dijo:

- Ya no vamos a seguir trabajando con las frutas porque el dueño de la hacienda ya no nos presta su terreno, pues está obteniendo poco dinero entonces quiere vender sus tierras, así que como no vas a tener entrada de dinero, estoy en la necesidad de alquilar esa habitación.

Por un momento, supuse que Patricia o Mirna tenían que ver algo con la decisión de Nick, pero se encontraba en todo su derecho.

- Está bien, de todas maneras me quedaría hasta mañana.

- Ok, está bien.

Luis y Patricia entraron al hotel, venían de pasear por el bosque o que se yo, porque tenían ropa cómoda. Patricia comenzó a besar a Luis, quien le correspondía el beso, me pareció de niños, porque no tenía por qué hacer esos espectáculos si yo sabía que eran novios. Yo intente sentarme a ver televisión, eran horas de la tarde y había mucho sol y mucho calor. Patricia al verme me dijo:

- Tú no te vas a sentar porque ese es el puesto de Luis y el otro el mío. Tú siéntate en el piso.

En ese momento me provoco gritarle que me había cogido al marido la noche anterior. Pero no lograba nada con eso, porque quedaba como una tonta, así que después de ver a Luis me retire a mi habitación. En la noche después de estar obstinada de escuchar tantas carcajadas y ruidos de Mirna, salí al patio, pero allí en la raíz de la planta donde fue mi primer beso con Luis, estaba el pero esta vez con Patricia. Al sentir mis pasos, voltearon a verme, no supe cómo reaccionar, pensé que ese beso había significado algo para él, o tal vez la noche que habíamos pasado, pero no era así. En vista que con ellos me sentía tan incómoda, Patricia solo me miraba como escudriñándome entonces, me di vuelta y regrese a la habitación. Intente disimular que no me dolía pero quien me iba a escuchar si estaba yo sola en esa habitación, nadie seria testigo de mis lágrimas, así que llore, pensé que eso no me hacía menos fuerte y me lo repetí varias veces. Recordaba que yo sabía que él no iba a dejar a su novia por mí, pero había sentido que él podía respetarme un poco al saber que yo andaba por los alrededores del hotel y menos sentarse en el lugar que nos habíamos besado y que además, había sido especial para mí y lo estaba haciendo con ella, eso era algo que no iba a olvidar. Llore decepcionada esa noche, llore mucho. Al ver que estaba comenzando a verse luz y antes que todos se levantaran a bañarse, recogí mis cosas y me fui.

Al salir del hotel recordé todo lo que sucedió el primer día que yo entre en él: desesperada, buscando trabajo para sobrevivir fuera de mi padre. Recuerdo el susto que sentía. Esta vez era diferente, ya sabía a dónde dirigirme, habían sido pocos meses pero intensos y había aprendido mucho de todos, sobretodo de Mirna. En ese momento estaba, caminando por la carretera, como aquel día que caminaba sola y destrozada de la casa de mi padre. Los carros pasaban a toda velocidad, había buses hacia el pueblo llenos de muchas personas. Decidí caminar un poco y pensar en el siguiente paso.

CAPÍTULO VI

Mi estómago se encontraba vacío mientras mi mente llena de incoherencias y sensaciones escondidas. Recordaba aquel momento una y otra vez. Aquel momento en que por primera vez ese hombre había rozado mi piel, tocado mis senos y besado mi boca apasionadamente como queriendo desprender mis labios. Al cabo de un segundo, terminaba sonriendo por cada árbol que pasaba por mis ojos, suspiraba por aquella persona que había logrado olvidar mi oscuro y triste pasado. Había llenado ese vacío que por muchas noches llegue a sentir.

Tras llegar al pueblo, me acerque a comer un rato porque me había propuesto marcharme a otro pueblo vecino, o donde pudiera pasar la noche con el corto dinero que tenía. Por un momento, mientras degustaba mi empanada de carne, me desespere en ver mi billetera. El mundo solo se basaba en dinero, dinero y más dinero. Y de esos, no tenía mucho así que debía buscar un empleo.

Entre en pánico, mi cuerpo comenzó a temblar de la molestia, mi sangre a calentarse y mi exterior a colorearse, pues no podía saber que podía ocurrir los siguientes días, en donde iba a parar sino conseguía empleo, a donde iba a ir si solo conocía el camino a mi casa y a ese pueblo pequeño. Pero después de mirar alrededor, me calme. Mis manos blancas, limpias y llenas de pequeñas cicatrices estaban a la disposición de cualquier trabajo. Así que tome otro autobús, camino a "el horcao".

Durante las dos horas de camino, logré dormir sin ser perturbada por ninguna risa, ni voz. El viento caliente pero refrescante rozaba mi cara, mientras se veían a lo lejos muchos tipos de plantas: árboles de gran tamaño, arbusto y muchos matorrales que dejaban pequeño espacio para el paso de estos autobuses cómodos.

- Disculpa, ¿me podría indicar dónde queda un hotel por aquí?

Era un lugar diferente, lleno de flores rosadas en los jardines de las casas que adornaban el pueblo, lleno de muchas personas. Mantenían un olor peculiar en el ambiente, como indicando pasión y amor. El sol calentaba mi rostro y me aumentaba cada vez más la sed. Mi piel pegostosa y mi estómago nuevamente con hambre.

- Siga aquel camino de tierra, cruce a la derecha, allí encontrara un camino de piedras blancas, continúe hasta el final de la recta, a la derecha se encuentra un hotel.

-

Su dirección me había parecido angustiante, pues se encontraba por un camino muy largo y sin conocer lo peligroso. Pero más angustiante era la gente caminando rápidamente, las personas gritando y comprando como si fuera el último día sobre la faz de la tierra. Los niños con caras sucias y piernas llenas de sangre, corrían de un lado a otro como intentando arrancarle las carteras a los transeúntes. El camino de tierra no tenía paso de autobuses, pero si venían e iban muchas personas, por lo que no podía ser tan peligroso como yo pretendía pensar. Así que continúe caminando.

Las paredes de ladrillo envolvían todo el lugar como si hubiera más pobreza de la que se podía observar. El caminar de tanta gente por aquel lugar, hacía ver todo confuso, pues levantaba aquel polvero por todos lados. Al terminar la recta larga y extensa que me había indicado la chica, estaba a la derecha un hotel de igual aspecto, pared de ladrillo, floreros al entrar de muchas rosas de colores y ese olor peculiar que envolvía el pueblo. Eran calles de muchos comercios, por donde transitaban las personas sin cansarse, pues no pasaba ningún transporte. Me puse melancólica, pues no me hubiera imaginado, años atrás, estar buscando techo donde dormir por las carencias de mi casa. Y sabía que Dios aún existía para mí, porque no me había dejado dormir en la calle.

Al llegar a la recepción del lugar, un lindo chico salió a mi petición.

- ¿Qué desea señorita?
- Una habitación.
- Déjame ver si tengo disponible una.

Al dar la vuelta, su pantalón apretado a su cuerpo, me permitió ver sus nalgas formadas, pero la vergüenza de mantener mis ojos sobre su pantalón, me hizo sonrojarme e intente disimular mi sensación.

El chico me dijo:

- La entrada es a las 8:00 pm. Tengo una disponible, si deseas me pagas y regresas a esa hora para que te instales.
- ¿Cuánto sería?
- 6 billetes verdes.
- Guao –fue mi expresión en ese momento- Le pague al chico e intente mirar el reloj para ver la hora, pues el sol estaba reluciente y picante. Tendría que esperar horas para poder entrar a la habitación.

El chico al ver mi angustia intentando observar mi reloj, me dijo:

- Son las 2:45 pm.

Faltaban muchas horas, y mientras intentaba encontrar en mi cerebro algo que hacer durante esas horas, buscaba dentro de mi bolso algo de dinero a ver si lograba encontrar para aunque sea cenar en la noche. El comienzo a este nuevo cambio empezaba a complicárseme, pensé. Puesto que ya no contaba para comer una buena comida, si acaso podía comprarme una galleta. Tras enfadarme durante unos minutos en la entrada de aquel hotel, porque había gastado lo que había ahorrado en el trabajo en tonterías y en estudios que en ese momento no me hubieran servido para nada, me calme y comencé a caminar aquella otra calle transversal. Con la robadera de Mirna y gastándola en cervezas no me daba la cantidad que merecía, cosechaba y a la vez, vendía, era injusto que solo me alcanzaba para pagar una habitación pequeña y algunos gustos. Pensar en eso me estresaba, habían sido 4 meses perdidos porque estaba detrás de un hombre que tenía mujer y yo no lo sabía, pero bueno, había decidido comenzar de nuevo y eso implicaba no pensar más en Luis.

La gente gritando, las personas caminando como apuradas buscando algo perdido, los niños llorando junto a sus padres que caminaban desesperados por el calor, otros niños corriendo de un lado a otro, jugando entre las personas, mientras otros pendientes de que agarrar, era el escenario que rodeaba esas calles. El sol brillante y picante sobre mi piel, con hambre y sueño, con sed y cansancio. Sentía que en algún momento iba a desmayar. Pero decidí sentarme en una acera mal construida en las muchas paredes que rodeaban el lugar.

Las calles eran viejas, había pocos árboles y muchos negocios de comida. Parecía un gallinero. Tras horas con desmayo en el alma, decidí tomar fuerzas, me dije:

"nadie dijo que sería fácil"

Así que continúe por esa calle. En algún momento habría industrias, carros, poca gente y más aire puro. Y así fue, calles abajo, observe una avenida muy bonita, adornada con flores rosadas, amarillas, anaranjadas. A pesar de que estaba muy cansada, continúe caminando a ver si podía tener suerte en ver algún letrero que buscara alguna persona para trabajar en lo que fuera, pero no. No vi nada.

Al mirar al cielo, ya este se encontraba nublado, el sol ya no me doraba la piel. Al bajar la cara y mirar hacia un lado, las paredes de esa empresa eran de vidrio. En ese momento pude ver el estado en el que me encontraba. Estaba completamente sucia, negra y sudada. Despeinada y sedienta. Me pregunte: ¿quién contrataría a una loca como yo? Si parecía una indigente, con una mochila azul vacía y sucia.

En ese momento comprendí que a pesar de muchas cosas, esa noche tendría un techo donde dormir. A pesar de mi aspecto indigente, ese chico en la recepción del hotel me había dejado quedar en una habitación. En ese momento sentí lo afortunada que era y me devolví por esas mismas calles, caminando muy contenta. Sentía que podía hasta cantar de la alegría. Se me había olvidado un poco el cansancio y la sed. Pues ya no era mi preocupación en ese momento. Ya mi mente había pasado la página y se encontraba concentrada pensando en que iba a comer. En minutos me encontraba en aquella calle, pero esta vez con pocas personas. Un ambiente nublado comenzó a ser parte de aquel lugar. Comencé a recoger las frutas y verduras que se encontraban en el suelo y que muchas en su mayoría estaban sucias.

Por un momento me dio asco, pero la necesidad me había llevado a eso, así que no me sentía orgullosa pero algo dentro de mí sabía que podía ser peor. Al terminar y con ganas de ir al hotel me había dado cuenta que me había perdido. Camine y camine pero todas las calles se parecían, con la excepción, en ese momento, de la cantidad de personas vagando por el lugar. Pues ya estaba oscureciendo y la gente comenzó a recogerse. Seguí caminando, observando las calles, la gente que ni volteaba a ver a nadie, todos éramos iguales, a pesar que parecía una mujer indigente, logre preguntarle a un par de personas donde se encontraba el hotel por el nombre solamente y me guiaron adecuadamente.

Camine un poco y efectivamente, encontré el hotel. Al entrar, el muchacho me indico que faltaban un par de horas todavía, por lo que tenía que esperar a que desocuparan la habitación, la limpiarán, y después es que podía entrar. Así que me desespere pero él dijo:

- Es política de la empresa, señora.

El hambre me estaba volviendo loca, así que me senté afuera del hotel a esperar y a comer algunas frutas que no estaban tan sucias. En ese momento, nada me importaba, solo quería comer, bañarme y dormir. Las horas habían sido eternas, pero valían la pena porque comencé a disfrutar de la deliciosa agua fría que tenía aquella ducha. Durante minutos estuve disfrutando el agua. Sentía la necesidad de tener a Luis cerca. Sentir su piel cerca de mí, sus labios en los míos. Lo deseaba con todo mí ser, el hechizo no quería dejarme en paz y me acosté pensando en él.

En la recepción había un teléfono y se lo pedí al chico para llamar a la casa de Luis y me atendió Nick.

- ¿Sí?
- Hola Nick, es Mayller, ¿Cómo estás?
- ¿Estás bien?
- Sí, estoy en un hotel en el pueblo vecino.
- Me parece muy bien.
- ¿Me podría pasar a Luis?
- Si, aquí esta.
- Hola Mayller, ¿te encuentras bien?
- Si, te llamo para decirte que me traje un libro tuyo. ¿No te importa?
- No, así te llevas un recuerdo mío.
- No necesitaba más, me llevo uno muy bonito dentro de mí.
- Yo también lo tengo presente, cuídate. Te amo.

Tras escuchar esa palabra, me levante emocionada pero a la vez desilusionada porque había sido un sueño y no podía comunicarme con él. Pensé: "¿el estará pensando en mí?"

Durante horas estuve buscando trabajo, caminando calle arriba y calle abajo, hasta que conseguí una entrevista en un almacén de productos. El gerente me explico absolutamente todo, además de darme uniforme para que comenzara a trabajar el siguiente día.

Había mucho trabajo, pero no podía comenzar el mismo día porque debía hacerme el papeleo de toda empresa. Esa noche no dormí, pues caminaba muy despacio por todas las calles, pendiente de las personas que andaban por allí. Por primera vez, no tenía donde dormir, por primera vez, me había quedado en la calle, deambulando como una loca más, porque no tenía para pagar una habitación. El frio envolvió mi ser durante horas, haciéndome levantar y caminar de aquí para allá.

Mi mente buscaba de pensar en Carlí y mi papá, pero intentaba olvidar, de evadir esos pensamientos angustiante. Todavía tenía miedo que me reconocieran y fuera a la cárcel, porque yo prefería ir a cualquier otra parte que ir a la cárcel. Pero el pensar en Luis hacía que se me olvidará todo, todo: el frio, la sed, el cansancio, todo.

Por fin llego el amanecer, me limpie un poco los zapatos con una camisa que tenía en el bolso, saque una de las camisas nuevas que había comprado con el trabajo anterior y me peine lo mejor que pude el cabello. Tenía mucha suerte, había conseguido un trabajo rápidamente con ese estado de indigencia que había tenido el días anterior, pero el que me contrato me hizo varias preguntas y yo le indique mis estudios y lo que sabía hacer, supuse que él se dio cuenta que sabía hacer muchas cosas y por eso, me contrato. La empresa no era tan grande, las paredes por fuera eran muy parecidas a todo el pueblo, hablo de que eran de ladrillos con muchas flores de colores al entrar a la puerta. Las personas tranquilas, con uniformes. Sentía que Dios me había premiado con ese trabajo e iba aprovechar al máximo la oportunidad, sobre todo al sentir mi barriga muerta de hambre.

Comencé mi primer día de trabajo, había un termo con mucho café en las sala de descanso, cuando me ofrecieron los compañeros de trabajo no quise parecer muerta de hambre, asentí pero por dentro me estaba muriendo con probar un poco de ese café y si había un pancito también se los recibía, pero había era unas galletas y las tome tranquilamente como todos lo hicieron. Hablaron, se rieron, contaban sus anécdotas y yo solo los escuchaba atentos, que no se fijaran mucho en mi atuendo que estaba un poco sucio pero no olía mal ni nada. En ese momento tenía la certeza que todo iba a mejorar, absolutamente todo. Al rato llego el gerente y me llamo para explicarme lo que tenía que hacer, todos se vieron las caras y se dispersaron como agua en las hormigas.

Durante la mañana fue en varias oportunidades Verónica, quien estaba organizando los productos que sacaba de unas cajas. Algunas personas se me acercaron a presentarse, pero intentaba no hablar mucho. Verónica era una chica muy tímida, parecía una monja por su tono de voz, todo pacito y calmado, parecía estar triste en ese trabajo, pero yo estaba enfocada, pensaba que ella no podía tener más problemas que yo que esa noche me tocaba dormir en la calle porque pagaban a los 15 días de comenzar a trabajar.

Cuando vine a ver, habían pasado 4 meses y yo me sentía tranquila. En muchas oportunidades intente salir a caminar y conocer gente, pero mis pensamientos no me dejaban. Así que terminaba triste y con muchas ganas de llorar en el cuarto aunque sentía que ya había superado lo de Carlí y mi papá, igual sentía tristeza, me daba miedo salir pues había durado casi 20 días durmiendo en la calle y no la había pasado muy bien que digamos. Intente, en muchas oportunidades, no ensuciarme el uniforme y me escondía por las plazas para que mis compañeros de trabajo no me reconocieran. Había logrado entablar conversación con un señor todas las noches y era el que me protegía de los demás, pero no había sido nada fácil tener que bañarme en los bares para ir al trabajo y solo comer lo que ellos daban de desayuno.

Algunos compañeros de trabajo se habían dado cuenta que durante ese tiempo no había llevado comida para almorzar, así que entre todos hacían un plato aparte y yo comía. Había bajado muchísimos kilogramos, se me veía en los pantalones que me quedaban cada días más sueltos y tenía que amarrarlos duro con la correa, pero sabía que vendrían días mejores, eso lo tenía muy presente y se los agradecería a todos cuando cobrara mi primera quincena, eso decía cada vez que me daban comida, pero no, cuando cobre la primera quincena fue para alquilar una habitación y por supuesto, comprarme unos zapatos para el trabajo, productos de aseo personal y aun así, me había quedado dinero extra para la comida. Definitivamente, había perdido el tiempo donde Mirna porque el valor de esa habitación era el doble de lo que pagaba en mi nueva casa y con lo que ganaba con Mirna no me alcanzaba ni para comer porque yo no desayunaba, el almuerzo me lo daban ellos, solo tenía para la cena y en muchas oportunidades no comía.

Durante esos 20 días tan angustiante y agobiantes, recogía frutas del piso, es más, no me atrevía a pedir porque era un pueblo pequeño y comentaría alguien en el trabajo y quién sabe si me botaban, tampoco llegue a meterme en los basureros, el olor me daba ganas de vomitar así que prefería dejar de comer. Eran noches muy frías, el primer día que me quede en la calle conocí al Señor Gabriel, así se llamaba, era muy amable, cuando me senté en una acera a pensar que hacer esa noche, Gabriel apareció y logramos hablar algo. Le conté que no tenía donde dormir, pues había escapado de la casa de mi padre y no quería volver, el entendió solo ese poco y me dijo que cuando yo tuviese plata y fuese rica, lo ayudara. Empezamos a reírnos, era difícil que yo algún día fuera millonaria pero quien sabe que me deparaba e destino, había muchas películas de superación de esas que hacen los niños pobres blancos. En fin, él se quedó conmigo hasta horas muy tardes de la noche, pues estaba en su territorio. Me comento que no había tanto peligro como la gente decía, solo que si ocurría algo, debíamos estar alertas.

Los días de semana no eran tan movidos, muy pocas personas pasaban a molestar o a querer pelear por territorios, pero los fines si, eran intensos, porque salía mucha gente de bares y discotecas y querían molestar o hacían escándalos, el Señor Gabriel siempre estaba atento y tenía su protección ante todo, nunca me la mostraba pero yo se la llegue a ver en una o dos oportunidades, ya no recuerdo mucho, la cosa es que él sabía muy bien manejar la navaja y cualquiera que quisiera hacerle o hacernos daño, el respondería y no le importaría nada.

Recuerdo un sábado que comenzó a llover en la madrugada. Tuvimos que salir corriendo a protegernos porque después teníamos que esperar a que se secara la ropa y el frio me hacía titiritar, sería más angustiante tener mucho frio y no tener como secarnos y aparte, el Señor Gabriel cuando se mojaba, su ropa agarraba un olor putrefacto y era muy pero muy incómodo. Nos tacaba sentarnos a esperar que escampara. La lluvia me hacía pensar en Luis, en los días que me paraba en la ventana a hablar o simplemente a pensar y él me acompañaba con su fuerte respirar. Esa noche duro horas y horas lloviendo por lo que dure horas y horas pensando en Luis. Amaneció y todavía llovía así que tuve que esperar parada en la entrada de una tienda que a la dueña le molestaba la presencia de las personas pues decía que la gente no dejaban ver las mercancías que ella vendía. Yo pensaba "vieja pendeja".

Todas las mañanas el Señor Gabriel se iba y me dejaba sola. Nunca supe para dónde pero lo hacía, pues él sabía que estaba a salvo en las mañanas. Muchas veces me despertaba tempranito, cuando comenzaba aclarar, porque decía que: "una chica tan bonita se veía fea durmiendo en una plaza".

Normalmente, una empresa pagaba a los 15 días, pero como era la primera quincena y tenían que meter la cedula en sistema, se tardaba un poco más, así que fueron los 20 días más angustiantes de mi vida, no pensaba en la hora que tuviese ese dinero en mis manos, estaba desesperada y ansiosa, comería, comería mucho, pero el gerente al darme el primer cheque y tener que ir a un banco a cobrarlo, hacer la fila larga para agarrar el efectivo, me hizo recapacitar y pensar en las prioridades que tenía que tener: "casa, ropa". Había pensado en la cara de felicidad que pondría el Señor Gabriel, pero ese día estaba muy cansada para pensar en él; cuando tuve el dinero en efectivo, me fui al hotel del chico que usaba los pantalones ajustados y le alquile una habitación. Sabía que tenía que esperar hasta las 8:00 p.m., así que me fui a comprar comida y pase por la plaza a ver si la compartía con Gabriel, pero no estaba, pues era muy temprano. Él siempre llegaba como a las 11 o 12pm. Así que me fui y me bañe, lo disfrute mucho, dure como 30 minutos, lave mi ropa y la puse a secar y en la madrugada saldría a saludar al Señor Gabriel pero me acosté a esperar y se me fue la noche.

En las horas de salida fui a varios hoteles a ver cuánto costaba la noche y algunos tenían precios similares al que me quedaba y otros eran más costosos, así que opte por quedarme los días siguientes en ese hotel mientras buscaba una habitación donde vivir. Debía administrarme muy bien porque si no me quedaría nuevamente en la calle. Intente gastar lo menos que pude en comida y en otros gustos que provocaba cuando salía del trabajo. Verónica, que era una chica que compartía conmigo pasillo se empezó a acercar, hablábamos sobre asuntos del trabajo, criticábamos actitudes prepotentes de los demás compañeros, y hasta en una oportunidad salí con ella a caminar por aquellas paredes de ladrillos y flores de colores que ella tanto admiraba.

La gente apurada me enloquecía, pero durante todo ese tiempo me adapte a ese ambiente y al mirarme, también andaba apurada. Siempre pasaba por las noches antes de entrar a la habitación por la plaza a ver si veía al Señor Gabriel, pero yo sabía que no lo encontraría tan temprano, así que cada noche me prometía salir de madrugada a verlo, pero me acostaba y siempre me quedaba dormida.

Después de 4 meses viviendo en ese pueblo, en el que me había adaptado a las costumbres y adoraba vivir en el hotel, tenía que irme. Sucedió por mi ingenuidad antes las cosas y meterme en algo que no era mi problema. Una de las tardes compartiendo con Verónica me comento que tenía muchos problemas en casa, verdaderos problemas en casa y que su máximo deseo era irse de ese lugar. Yo le había contado que había huido de la casa de mi padre y ella siempre terminaba la conversación con: "ojala yo pudiese hacer lo mismo" y era algo angustiante porque yo sabía lo que se sentía estar atada a algo que no se quiere. Un día llego con los ojos hinchado al trabajo y me dijo llorando:

- Me siento muy triste.
- ¿Qué te pasa?
- Me quiero ir de mi casa, de esta vida, de todo. Quiero irme a un lugar donde nadie me moleste, donde pueda ser yo.

Por un momento, me sentí identificada ante esas palabras. Una y otra vez escuchaba mi voz repitiendo eso. Y ya estaba tranquila, porque había logrado irme de mi casa, de mi padre, y solo faltaba algo, buscar a mi madre. Pero sé que no sería fácil, que me llevaría tiempo.

- ¿De quién quieres escapar?
- De mis primas, de mis tíos, del tormento de mis abuelos, que solo me critican, señalándome que por mi culpa mis padres habían muerto en el accidente y yo no.

Intente saber que había ocurrido pero no quiso contarme más allá, repetía una y otra vez lo mismo.

- ¿Por qué no te vas?
- ¿A dónde? Antes de irme a donde sea, quiero hacer algo- me dijo Verónica, con unos ojos llenos de lágrimas.

Sabía que quería que yo la ayudara, pero no sé porque me había encariñado tanto con ella, habíamos pasado algo de tiempo en el trabajo y era una persona firme. Así que accedí a un juego que ellas, todo el tiempo hacían desde pequeña. Consistía en que la primera que llegaba a la casa amarraba a la otra y se golpeaban mientras se reían. A mí me parecía un juego, no solo peligroso, sino muy tonto. Me negué en varias oportunidades, pero insistió en que solo la acompañara para poder irse de la casa y que siempre la lograban agarrar a ella y era la que siempre le pegaban. No entendí porque me dejo convencer pero lo hizo.

Días anteriores, ella en el trabajo me comento que agarraría unas herramientas en la bodega que ella iba a utilizar para que su juego fuera más divertido, que le hiciera el favor de no colocarle el precio para que se le hiciera más fácil sacarlo. Por mi parte, no me pareció lo correcto, además que ya tenía 4 meses en ese trabajo, no podía pasar por ladrona, había pasado mucho tiempo luchando para tener algo. Ese día que ella empezó agarrar las cosas y meterlas en sus bolsillos para en la salida lograr sacarla y colocarla en su bolso, pensé muchas cosas. Por mi parte, solo les dije que si iba agarrar algo de mi pasillo, tenía que ser antes que yo colocara los precios y que yo no estuviese presente. Así hizo, ella sabía que había cámaras de seguridad, pero en su mente estaba pensando en otras cosas y la deje.

Llegue a la habitación del hotel, Verónica en varias oportunidades me había dicho que me quedara en su casa y así no pagaría nada, pero a mí no me gustaba la idea, quería ser libre y en esa casa vivía mucha gente. Al entrar y echarme un baño me puse a pensar muchas cosas porque yo venía de una familia disfuncional pero nunca había tenido un escándalo de robo, excepto la vez que me fui de la casa pero era la excepción. Donde Luis tampoco había salido por las malas, entonces por qué esta vez, por unirme con Verónica que estaba robando me iban acusar sin yo tener nada que ver en esa situación. Dure toda la noche pensando que podía hacer.

Al llegar al trabajo al día siguiente, Verónica en la hora del almuerzo me mostro los moretones, rasguños que tenía en sus piernas, sus primas le habían golpeado por tercera vez esa semana. Angustiada por su situación le comente que le dijera a sus abuelos, pero comentaba que sería peor. En muchos momentos trabajando me insistía mí misma en no participar porque no sabía cómo controlarme ni sabía la situación que estaba pasando, pero ella insistía una y otra vez, que la ayudara, que solo sería un momento y así ella iba a poder irse. Ella me mostraba cada día lo que ella se iba llevando, pero esa vez, no me quería mostrar, entonces al forcejear su mochila, observe que tenía hasta un martillo. Al ver, ella intento disimular pero sabía que las cosas ya no iban bien, entonces disimule y nos fuimos a comer un helado a la plaza. Aproveche a ver si veía al Señor Gabriel pero no había rastros de el por ningún lado.

En ese momento, observe la plaza y recordé cada momento que había pasado, cada palabra sabia que el Señor Gabriel me había enseñado, cada cicatriz, la lluvia mojarnos la cara, tener mucha hambre y no saber que llevarse a la boca porque no teníamos nada de comida. Orinar o hacer mis necesidades en el baño del bar, que al principio, me había cerrado las puertas pensando que era una drogadicta pero yo en varias oportunidades había pasado con uniforme y mi carnet del trabajo, entonces me dejaban utilizar el baño. Escondernos de otras personas, ver tanto movimiento que recordé mis raíces, recordé el por qué estaba ahí, cuál era mi objetivo desde que había salido de casa y no era precisamente meterme en problemas por una desconocida, así que al día siguiente decidí renunciar al trabajo e irme de ese pueblo. Eran muchos pueblos los que podía visitar, al tener una conducta intachable, ellos me darían una constancia de que había trabajado bien y eso me ayudaba al momento de conseguir otro empleo.

Recuerdo que ese día tenía el corazón en la boca, el gerente se me acerco como era de costumbre, y se puso hablar un poco sobre lo que estaba haciendo, yo lo mire a los ojos y le dije que debía hablar con él en privado, el al ver mi seriedad, acepto y me dijo que lo siguiera. Verónica no estaba en el pasillo pero pensé que si me veía con él, pensaría que estaría diciendo sobre su robo y esperaba que no pensara eso, pero no, ella no estaba presente ni cerca en ese momento. Entre a la oficina del gerente y me senté hablar con él. Le comente que había decidido irme del trabajo, renunciar. El gerente me pregunto cuáles eran los motivos si me iba bien, era buena en lo que hacía, cumplía mi horario, todo, pero no, yo sentía que mi tiempo había llegado, era hora de marcharme. La idea era que no se regara la voz pero no más le comente al gerente, el paso la novedad y todo el piso de bodega se enteraron y querían hacerme una despedida.

Antes de salir el gerente se me acerco y me dijo que fuera al día siguiente por el cheque de liquidación, pues no lo habían podido hacer, además que se tardaba, más bien haría todo lo posible para que saliera al día siguiente. El día estaba muy pero muy hermoso, el pueblo lleno de flores de colores por algunos pasajes, la gente caminando, el polen haciendo de las suyas, porque había mucha gente con alergias. El sol brillando en mis mejillas. Verónica me dijo que nos fuéramos a comer algo como despedida, intento preguntar que iba hacer pero yo no le quise dar información al respecto, porque yo quería seguir sola, no estar acompañada con nadie. Esa tarde, sentada con ella comiendo, me mostro bien los moretones en su piel blanca, una piel cuidada, una piel de princesa. Estaba toda golpeada, cuellos, piernas, tobillos, brazos. Yo no entendía ese juego con sus primas, eran muy bruscos para hacerse esos moretones. Ella insistió antes que me fuera que la ayudara. Eran las 5:26pm y tras halarme una y otra vez, logro convencerme que fuera con ella a su casa.

Llegamos a la casa de ella, antes de entrar ella saludo a varias personas que estaban en los alrededores, nada fuera de lo común, me comentaba que sus primas, al verla llegar del trabajo, se iban a la casa a molestar, entonces fuimos rapidito a su cuarto. Era un cuarto inmenso, lleno de muchas cosas de colores pequeñas, era un espectáculos la cantidad de juguetes y libros que habían en esa habitación todo acomodadito, limpiecito. Una casa muy organizada, oliendo a flores. Vi varias puertas pero no preste atención. Escuche la puerta de la casa sonar y ella me dijo, con sus ojos desorbitados, abiertos bien grande, alerta:

- Ya me vieron llegar.

Nada, yo estaba tranquila. Ella empezó apresurarse buscando las cosas que había robado del trabajo. El martillo se lo coloco en la cintura amarrada al pantalón y tenía la cuerda en su cuello y una cinta que suponía, era para sus bocas.

Salimos corriendo de la habitación, como me dijo ella, al llegar a la sala, estaba un señor no tan alto, calculo 1.75cm, quitándose la correa del pantalón. El al verla, le sonrió diciéndole muchas cosas que yo me asombre al escuchar. Ella no gritaba, sino que empezaron hablar uno con el otro. Yo supuse que no había ninguna prima. El al verme, dijo:

- Trajiste a una amiguita para divertirnos los tres.

Capaz era el marido y yo metiéndome en problemas, capaz era un vecino o capaz era... se me paralizo la piel, porque ella dijo:

- Tío, ya quiero que me dejes en paz.

No podía creer que el que le estuviese haciendo daño era su familia, era su tío. Así que ella, con mucha fuerza salió corriendo y cayó sobre él, quien no se lo esperaba y al caer se golpeó la cabeza pero reacciono rápidamente y empezaron a forcejear, yo vi que él la estaba venciendo y ella me decía que la ayudara, así que me acerque ayudarla, como pudimos, forcejeando, le logramos agarrar las manos con la soga y amarrarlo lo más que pudimos, tuvimos que utilizar toda la cuerda que ella se había robado porque se podía zafar y eso sí sería un grave error, porque no solo la lastimaría a ella, también a mí. Así que mientras el no gritara no tendríamos muchos problemas, ella logro taparle la boca con cinta, pero le daba y le daba vuelta a la cinta por su cabeza, se le veía lo rojo que estaba quedando su cara y el con los ojos llenos de furia, se le veía que era una persona mala, olía a cerveza, por lo que supuse que era un borracho.

Ella al terminar de enrollarle la cara, empezó a llorar y me decía que me había mentido pero que lo había hecho porque sabía que a mí me daría miedo si decía que era un hombre la que le hacía daño, que la podía juzgar. Él era su tío y estaba abusando de ella cuando llegaba del trabajo. Era un tipo borracho y la sometía y la maltrataba una y otra vez. Yo veía sus lágrimas y su impotencia en los ojos de que no podía decir nada porque ningún miembro familiar le iba a creer. Y si tenía unas primas, pero a ellas él no le hacía nada, era solo a Verónica o al menos, ella no se había enterado de nada. Yo la intente calmar, contarle que yo no quería irme con alguien a otro pueblo o lugar, pero que haría una excepción. Le dije que nos fuéramos de una vez por todas, dejando eso atrás, pero al agarrarla por el brazo y decirle que se fuera a la habitación a recoger su maleta, mochila o lo que había arreglado para irse, ella me empujo y me dijo que apenas estaba comenzando todo. Ella tenía la cara pálida, sus brazos muy fríos, cuando la toque pensé que había tocado era un hielo. Tenía sed de venganza y no es para menos, no la juzgo.

Ella viéndolo, se sacó el martillo del pantalón y me miro. Tenía los ojos muy rojos, idos. Por un momento me dio miedo, pero no podía demostrarle eso o yo también iba hacer amarrada, por lo que le intente hablar para que entrara en razón y nos fuéramos pero ella empezó a darle martillazos al tipo en el suelo, quien no podía gritar porque tenía toda la cara entirrada. Le daba como a pera de boxeo, al principio sentí mucho placer que se estaba vengando, eran fuertes sus golpes pero a medida que pasaba el tiempo, empezó a sangrar. Le daba por todo el cuerpo, le dije en medio de su agitación que estuviese cuidado, que era darle una lección no matarlo e ir como una pendeja a la cárcel, pero ella no me escuchaba, estaba completamente ida, disfrutando ese proceso que estaba viviendo. Cuando empezó a salir sangre, me asuste, yo no formaba parte de eso que ella estaba haciendo, entonces debía irme. Yo la intente detener, pero ella me empujo muy fuerte y caí golpeándome la cabeza contra la pared de la mesa de la cocina. Sentí como si me estuviese saliendo sangre de la cabeza, pero al tocarme no era así, era parte de mi imaginación. Ella al verme en el suelo, me pregunto:

- ¿Ahora te vas a poner en mi contra?

Yo asombrada de su actitud, le dije que no, pero ella se vino hacia mí con el martillo, yo no sé si tenía ganas de hacerme daño o que intentaba, al voltear estaba el viejo todo lleno de sangre, golpeado por todas partes, intentando zafarse del amarre que le habíamos hecho, pero yo me apresure a salir de esa casa lo más pronto posible antes que ese señor se zafara y nos hiciera daño a las dos, como si yo hubiese tenido algo que ver en eso. Yo como pude me levante y ella como venía hacia mí, la empuje un poco y abrí la puerta apresurada, al voltear ella estaba de pies, pero se había dado cuenta que él quería zafarse y siguió dándole martillazos por el cuerpo.

Yo salí de la casa y cerré la puerta duro. Vi que nadie había visto nada, todo el mundo estaba en lo suyo, intente que no me observaran mucho y pasar desapercibida, pero los carros pasaban a poca velocidad porque el camino era de tierra y tenía muchas irregularidades, la gente caminando, otras tomando en las casa. Cada quien en lo suyo, iban hacer las 7pm, así que estaba muy asustada, pero a la vez, angustiada, porque Verónica era víctima y sabía que ella no había podido hablar eso con nadie y no la juzgo, es un momento incomodó y mucha gente piensa que eso es mentira y manipulación de las mujeres. Estaba un poco lejos del hotel, así que agarre un autobús para trasladarme. Cuando me senté y vi alejar esa casa, pensé sobre lo que allí pasaba o podía pasar, si se zafaba el señor, Verónica estaba en peligro, pero si no lo hacía, el que podía estar en peligro era el señor. Sentí mucha rabia, me había metido en un problema que no era mío, pero tenía que alejarme de eso, así que rápidamente llegue al hotel, termine de guardar mis cosas, espere que amaneciera, me despedí del recepcionista, que en varias oportunidades había hablado con él, era un ser inigualable y lleno de luz. Me fui de aquel pueblo sin mirar atrás. Al alejarme veía como me alejaba de una etapa de mi vida bonita, llena de muchas experiencias, llena de flores, buenas personas, buen trabajo y de un cheque que me sería imposible volver por él y que necesitaría pero antes que pasará algo peor y salir implicada, prefería perderlo.

El autobús me llevaba a varias partes, pero ya conocía el pueblo donde había estudiado, donde había trabajado con Luis, así que al llegar cerca del mercado, decidí bajarme. Tenía esa curiosidad de ir al mercado a ver si lo veía pero no, me contuve y seguí mi camino. Camine largas horas, pero esta vez era distinto, seguía el problema de la temperatura, la alta radiación, el estrés de las personas, pero ya me había acostumbrado, no era la misma persona, ya no me preocupaba donde dormiría, había aprendido tanto en ese año, pero tanto. Había llorado desconsoladamente por las noches, había sentido que mi vida había perdido el sentido pero ahí estaba, levantándome y siguiendo hacia adelante. El tema de mi mamá no lo había olvidado, seguía en mi mente pero en ese trabajo y con

Verónica no me había dado tiempo de hacer mucho.

En varias oportunidades fui a supermercados, revise guías telefónicas y le pregunte a las cigarrerías si conocían a alguien por el nombre de "Mayller", pero nadie sabía nada. Cuando fui a la casa de Verónica me di cuenta que había una parte del pueblo que obviamente desconocía y capaz ella vivía en ese lado con su nueva familia. Capaz tenía nuevos hijos y se había olvidado de mí. Eso me dolía en el alma y cada día que pasaba más me dolía y sentía que perdía algo dentro de mí.

Una vez en el pueblo pregunte en varias partes si estaban buscando empleada para trabajar. Recorrí varias calles, siempre alejándome del mercado, igual ese pueblo era inmenso, obviamente no lo conocía todo, sino solo una parte, pero ya sabía cómo movilizarme. Camine en varias oportunidades y vi un anuncio en una cafetería. Abrí la puerta e ingrese. En el mostrador se encontraba una chica, quien muy amable me pregunto:

- ¿Qué deseas tomar?
- Nada- Le respondí, y me quede observando el anuncio donde estaban buscando personal.
- ¿Deseas saber sobre el anuncio?
- Si- Mientras la observaba como se alejaba del mostrador.

Luego tras unos minutos volvió y se inclinó frente al mostrador, mirándome de arriba abajo y me dijo:

- Pasa, el jefe te está esperando.

Al pasar la puerta, allí se encontraba un señor de poca barba y poco cabello, panzón y sentado cómodamente en su escritorio. Al mirarme se sorprendió ante mi presencia. Recordé que era el señor que un par de veces había ido a visitar a mi padre años atrás a la casa, pero estaba viejo.

Se levantó y me dijo irónicamente:

- Vaya, vaya, vaya… Mira quien está aquí.

Tras sus palabras me dio miedo, mucho miedo. Mi piel se helo, sentí como mi corazón se iba a salir del pecho. Mis manos comenzaron a sudar. No podía parar la respiración. Pensé que él podía saber todo y que iba a contárselo a la policía, a quienes los había visto rondando por las calles momentos antes de entrar a la cafetería.

Al ver que se sentó acomodándose su camisa, le pregunte:

- ¿Usted es el amigo de mi padre, verdad?
- Era, era. Tu padre me robo a mi novia, que por cierto, los chismes del pueblo dijeron que se habían casado.

En ese momento, me alegre mucho pues eso quería decir que Carlí no había muerto y por ende no era una asesina. Pero, al sentir alegría de que vivía, recordé que era Carlí, la mujer que mi papá amaba.

- Ah, ¿Carlí?- Le respondí a ese señor que podía ayudarme muchísimo y que Dios me había puesto en el camino.

El señor solo me miraba fijamente, como intentando saber que estaba pensando. Me estresaba que no dijera nada sino que solo me miraba, así que alce la voz y le dije:

- ¿Me va a dar el trabajo o no?
- ¿Qué edad tienes, jovencita?
- 19 años, señor.
- ¿Tu padre como te va a dejar trabajar?

91

- Ya no vivo con él, me fui de la casa hace un tiempo ya, pero no quiero hablar de eso en estos momentos.

Y comenzó a moverse, sin dejar de verme y pensar. Luego se puso la mano en la nuca y acostándose en su puesto, continúo contemplando el panorama mirándome, como una sonrisa postrada en su rostro calvo.

Por un lado había mucho silencio, silencio que me estaba desesperando, pues no sabía si iba a darme el empleo. Ya estaba oscureciendo y debía ocuparme en buscar donde pasar la noche, pues había pasado mucho tiempo caminando buscando empleo.

En ese momento rompió el silencio y me dijo:

- ¿Y a tu padre lindo no le importo que su hija se fuera de su casa?- Sonrió como queriendo saber más.
- No sea chismoso. Eso no le importa. Yo no tengo por qué estar contándole nada de mi padre. Si quiere saber algo de él y de Carlí, pregúnteselo a él.

Por un momento no había entendido lo que estaba sucediendo. Conocía a mi padre, alomejor él estaba por esos lados o trabajaba cerca y además, conocía a Carlí. Me asuste y quise salir corriendo del lugar, pero al inquietarme me dijo:

- ¡Mija! No se puede negar que tienes el carácter de tus padres.

Por un momento mis ojos saltaron al lugar. El escuchar el "mis padres" en su boca había entumecido todos mis órganos. Los había paralizado. El conoció a mi madre, por ende sabia su paradero. Sentí una alegría inmensa en mi alma, en mí ser. Por fin, podría conocer a mi madre, podría verla, tocarla, sentirla. Pero al pensar en ella, me entro la rabia porque quería decirle que me había dejado sola, que por muchos años la había necesitado y ella se había marchado.

Comencé a sudar el cuerpo y mis manos. Intente disimular mi molestia. Pero él se percató y solo me miraba fijamente.

- ¿Usted conoció a mi madre? Hábleme de ella.
- ¡Ay! Verdad que estabas muy pequeñita, cuando…- Hizo una pausa.

En el momento más importante, hizo una pausa. Y luego no quiso seguir la frase, por más que le di vueltas al asunto no pudo, solo continuo diciéndome:

- La verdad no sé nada. Cuando yo llegue al pueblo, ellos vivían juntos y los trataba muy poco. Trabajaban mucho todo los días y tenían muy mal carácter. Por esa razón, creo, peleaban mucho.

Después de hablar y hablar con él para que me contara lo que sabía, miro el reloj y me dijo:

- No se mas nada, tengo que cerrar el local.

Pero ya se le había ido la lengua, así que le dije:

- De aquí no se levanta, hasta que no me cuente.

El viéndome fijamente, me dijo:

- En serio no se mucho, solo recuerdo que yo me vine a este pueblo y conocí a tu mama quien era una mujer hermosa, muy amable y llena de buenas vibras. Enseguida me enamore de ella, me enamore perdidamente. Ella era muy especial para mí. Nos veíamos, la pasábamos bien, pero ella en una de las noches me dijo que estaba enamorada de otra persona y no podía corresponder mi amor, que me alejara porque el chico era un poco celoso, así que eso hice. Sin embargo, como era su amigo, llegue a conocer a tu papá

93

trabajando. Ellos peleaban siempre, recuerdo que en una de esas les dije a los dos que debían dejarse, porque era un infierno estar cerca de ellos, pero tu padre pensó que yo quería seguir insistiendo algo con ella y no era así, era solamente un consejo. Al paso de los años, ella quedo embarazada y ya no pudo seguir trabajando, entonces Carlos era el que llevaba la comida a casa. Los fines de semana comenzamos a tomar y el conoció a mi novia en ese entonces, que era Carlí, teníamos dos años de relación pero ella no le importo que era mi amigo y empezó a salir a escondidas con tu papa, quien le costaba irse a casa porque decía que vivía muy lejos. Resulta que cuando descubrí todo, ellos vivían juntos y a la vez, tu papa las tenía a ustedes en el pasadillo, viviendo en las orillas de la carretera solas. Yo no te voy a negar, me dio mucha rabia que me había engañado, entonces se lo reclame a él y peleamos. A ella le di una cachetada y no dejo de pensar en eso, no me arrepiento obviamente. Bueno, la cosa es que ellos se separaron y tu papa seguía con ustedes, pero eras muy pequeñita, tu mama descubrió todo y se vino al pueblo a buscarla, ella supo que Carlí y yo éramos parejas y me busco, pero yo ya no sabía nada de ella, pero en ese entonces, tu papa andaba con otra mujer que no era Carlí. Tu mamá insistió tanto en encontrar a Carlí que lo hizo y pelearon espantoso, fue una noche terrible porque tú ves este pueblo grande, pero es más pequeño de lo que te imaginas. Todos se enteraron que Mayller había dejado inconsciente a la mujer y ella por miedo fue hasta mi casa y me dijo que estaba cansada de toda la mala vida que tu padre le había dado, que había decidido irse y mas nunca supe de ella, hasta hoy que te veo y eres Mayller un poco más baja, pero eres la fotocopia de ella.

- ¿Qué se hizo mi madre?

- No se mas nada, ahora si debo cerrar el negocio. Nos vemos mañana.

Intente explicarle que necesitaba información pero insistió que no sabía más nada y que debía cerrar la cafetería. Yo quede con las palabras grabadas en mi mente. Salí de ese lugar, pero salí muy perturbada, pensando en el chisme que me acababa de decir, ahora tenía más dudas. En ese momento, solo sabía que ese señor me podría responder mis preguntas y ayudar a buscarla.

Al comenzar a caminar, el señor grito mi nombre y al voltear me dijo:

- ¡Tienes el trabajo, te espero mañana!

Eso me alegraba muchísimo, pero me devolví rápidamente a la puerta de su local:

- No le diga a mi padre que usted me está dando trabajo ni mucho menos que me vio, por favor.
- Ok, hasta mañana.

El piso se encontraba mojado pues había llovido durante el par de horas que había durado en la oficina. Camine junto a mi acompañante favorito "la luna", quien me acompaño durante todo el camino a ver que iba hacer. Los grillos no paraban de chillar, queriendo hacer ruido para acompañarme. Busque durante largo rato habitación en los moteles que conocía, pero estaban todos ocupados. Y algunas calles tenían las luces de los postes apagados, por ende me parecían peligroso caminar por ellas, así que me regrese a la plaza del pueblo a sentarme y pensar que hacer.

Me había fijado que tenía bastante perolero: una maleta y dos bolsos que pesaban un poco pero podía andar con ellos. Esa noche había muchos indigentes acostados en los sillones de la plaza y arropados con un cartón. Me recordé tanto a los momentos vividos con el Señor Gabriel y me preguntaba que sería de la vida de él. La cosa es que sentada, empezó un frio espantoso que tuve que buscar un buen suéter y colocármelo. La calle estaba mojada por todos lados, junto al sillón, por lo que me moje el suéter y la camisa. El frío invadía mi ser, los recuerdos, pensar en mamá, que estaba cerca de su paradero. Pensaba en que le iba a decir, como la miraría.

Empecé a llorar, porque desde un principio me había ido de la casa porque estaba cansada de vivir con mi padre y esa nueva pesadilla de Carlí, pero después pensé en buscar a mi madre y enfocarme en eso, sé que ella estaría en ese pueblo, capaz tendría una familia, quien sabe, lo que si es que no sabía por dónde empezar o que hacer, pero primero debía conseguir donde dormir y debía hacerlo rápido. Así que me seque las lágrimas y me fui a caminar. A dos cuadras de la plaza había un motel, algo pequeño. Había chicas semidesnudas en la puerta, pero cada quien en lo suyo. Entre y pedí una habitación, las paredes y el motel como tal no estaba deteriorado, lo feo era la entrada con ese poco de mujeres. Me dieron el primer piso. Al llegar a la habitación, todo limpio, arreglado, había una televisión de los años 1600, una cosa espantosa. Entre al baño y todo en orden. El problema fue cuando me fui acostar en la cama: un chico en la calle gritando: "chicas, chicas"; un olor asqueroso en la cama. Cuando quite la sabana estaban sucios, se notaba que habían hecho sus actos sexuales y no habían lavado las sabanas ni cambiado, al agacharme a recoger mi maleta vi una toalla sanitaria utilizada debajo de la cama, así que de inmediato agarre mis cosas y baje a la recepción, quien de inmediato me dijeron que disculpará lo sucedido y me ofrecieron otra habitación.

Esta nueva habitación no estaba sucia pero tenía un pequeño problema, que seguía escuchando al chico ofreciendo a las mujeres y al acostarme, por fin a descansar para trabajar al día siguiente, se escuchaban los actos sexuales de la habitación continua, pero era eso o volver a la plaza, entonces decidí calmarme y aceptar el problema. Me acosté e inmediato me quede dormida. Recuerdo que abrí los ojos y era justa la hora para irme, me bañe lo más rápido que pude y salí corriendo a la cafetería. Recuerdo que como iba rápido, arrastraba las maletas al asfalto y pensaba que las iba a destruir porque están pegando el material de la maleta al suelo. Eran las 7:05am, así que llegue corriendo y un poco despeinada a la puerta de la cafetería que ya estaba abierta.

CAPÍTULO VII

Ese día comencé a trabajar, tenía toda la energía de hacer las cosas bien, de dar lo mejor de mí en esa cafetería, así como lo había hecho en el almacén. Al llegar Desiree, que era la chica que me había hecho pasar hablar con Tito me hizo señas para que la siguiera y ella me iba a comentar lo que tenía que hacer, era una mujer alta media aproximadamente 1.80cm y tenía la piel morena. Mientras me explicaba Desiree, llego la otra chica que no había visto el día anterior, llego toda apresurada y agarro el delantal, mientras le comentaba a Desiree lo difícil que había sido su mañana para llegar. Ella escuchaba atentamente y a la vez, me explicaba a mí. La otra chica era morena y tenía el cabello muy pero muy largo, impresionaba porque para tenerlo así debía cuidarlo mucho y eso era lo más llamativo de ella, ella se llamaba Caty. Por la actitud, era la que obedecía a Desiree, a pesar de decirme que era la que más tiempo tenia trabajando con Tito. Había unas cajas en la parte de atrás de la cafetería y Desiree me comento que debía ordenar los productos, después que limpiara el piso rápidamente porque ya la gente había comenzado a entrar a desayunar. Entonces, viendo la dinámica, lo hice todo rapidito como ella me había dicho y me puse a ordenar mercancía.

Me di cuenta que Tito todo lo compraba, no era que lo hacían. Contaba mercancía y verificaba en unas hojas que me había dado Desiree. Era un trabajo movido y había que trabajar con higiene porque todo era comestible. Era una cafetería concurrida, la gente iba a desayunar para allá. Eran las 8:00am y estábamos llenos de personas comiendo y yo las ayudaba a pasar las cosas, intentaba no pasar dinero para que no hubiera descuadre de cajas por tantas manos agarrando dinero y eso, al finalizar el turno de la mañana, le gusto a Desiree porque me lo hizo saber.

- Mayller me gusto tu trabajo en la hora más concurrida. Ayudaste muchísimo, no tocaste dinero y trataste de calmar el estrés de la gente.
- Gracias Desiree, esa es la idea, que las ayude en lo más que pueda.

Caty era una mujer de pocas palabras por lo que había visto en el turno de la mañana, muy poco hablaba conmigo, todo era con Desiree. Pero bueno, a mi realmente poco me importaba sus amistades, con tal tuviésemos un buen equipo de trabajo, todo bien. A la 1:30pm llego Tito apurado a hacer corte de caja y hablo con las tres rápido. Ya casi cuando se iba, me dijo:

- Mayller puedes venir a mi oficina, por favor.

Yo asentí y me fui hablar con él.

- ¿Cómo estás?- me dijo- se sentó en su gran silla negra, donde se le veía la gran barriga que sobresalía de su camisa.
- Bien Tito – Me senté en la silla que tenía al frente de su escritorio.

Su oficina era pequeña, paredes color crema, pero habían tres escritorios llenos de papeles, carpetas, facturas por todos lados. Había mucha basura en el piso, como hacía calor en ese pueblo y no tenía un ventilador, el calor era infernal. Su oficina se veía el desorden que era ese señor en todo momento.

- ¿Qué hiciste hoy?- Entrecerró los ojos como escudriñando lo que iba a decir.
- Limpiar el piso cuando llegue, rápido porque llegue tarde y la gente comenzó a entrar, luego limpiar la cafetera, verificar y ordenar los pedidos y atender uno que otro cliente y limpiar el baño.

- Mm, está bien Mayller.

Yo sentí que había terminado la conversación y me salí de la oficina, pero al llegar al mostrador donde estaban calentando la comida para comer, Caty y Desiree se me quedaron viendo raros, como si algo pasaba entre Tito y yo. Pensé que iban a preguntar para decirles que él era como un tío, lo conocía desde que estaba pequeña, era el mejor amigo de mi papa y siempre me había tratado bien, cariñosamente, pero ellas como que estaban pensando en otra cosa equivocadamente.

Al salir y sentarme para esperar que me dijeran que otra cosa debía hacerse en el turno de la tarde, salió Tito y nos llamó a las tres y nos hizo sentarnos en una de las mesas.

- Chicas, supongo que hoy limpio Mayller toda la cafetería y ahora, ¿a quién le toca limpiar mañana?, yo me imagino que como ella es la nueva el primer día limpio ella, pero las demás limpian mañana, ¿no?

Inmediatamente brinco Desiree a hablar por Caty, exaltada:

- Tito a mí me toca mañana limpiar, solo le enseñábamos a ella como se hacían las cosas.
- Ella me comento que llego tarde y lavo los pisos, ¿Por qué? Si hay que limpiar antes que la gente empiece a ingresar. Recuerden que nos mandan a salubridad y nos cierran y nos quedamos sin trabajo. Tenemos que tener prudencia.
- Tito, todas llegamos tarde pero no va a volver a pasar-Dijo Desiree, mientras me miraba desafiantemente.

Yo la mire, pero no era que estaba echando chismes, lo que menos quería era una mala relación con las compañeras, yo quería era trabajar y hacer dinero y que Tito que sabía todo, me contara, pero ya lo que había hecho Tito se me salía de las manos. Tito luego de decir todo eso, nos felicitó porque todo estaba impecable en el trabajo y debíamos dejar de hablar porque había entrado gente a comprar.

El pan no era fresco, porque nadie lo hacía en las cocinas de la cafetería, pero si se los compraba a un proveedor que los hacía en otro lado y los traía calientico y se vendía súper rápido. En la tarde no era como en la mañana, pero si había mucha gente entrando y saliendo. Al rato que tuvimos la reunión con Tito, Desiree había cambiado y Caty se mantenía ausente, ella había empezado a gritar y a tener mala cara, como si lo que le había dicho Tito era problema mío, sin embargo, me había hecho la desinteresada y le seguía la corriente. De igual forma, no manejaba la caja que para mí, era súper importante porque, al menos, no iban a acusarme de ladrona. Trabajamos hasta las 5:00pm, ya había caído la tarde, estaba más fresco el clima. Ese sol que resplandecía las mesas de la cafetería ya había dejado la intensidad. Hubo un momento de la tarde que el clima se puso intenso, porque era mucho el calor que hacía, aunado a tener prendida la cafetera e ir de un lado a otro a atender y guardar dulces, etc. Yo a las 3pm le comente a Desiree que me iba a comer un pan porque no había llevado comida y estaba muerta de hambre, ella con los hombros me indico que no le interesaba mucho, pero que agarrara lo que quisiera. Las ayude a cerrar, pero no me dejaron acercarme a los candados, así que les dije que me iba a ir si ya no me necesitaban en el lugar y Desiree me dijo, con una voz retándome:

- Llega a 6:50am porque la cafetería tiene que estar lista a las 7 de la mañana, sino, no vengas.

Yo asentí con la cabeza y me fui. No había muchas personas en la calle caminando, las calles estaban solas. Yo empecé a caminar pero sentía que me estaban siguiendo las chicas, así que voltee pero no las vi y continúe. Trate de irme al hotel por las calles que tuviesen luz, porque si me buscaban de robar, no había nada que robarme, no llevaba mucho dinero encima. Llegue al hotel y allí estaban las chicas afuera, eran tres chicas muy jóvenes, me atrevería a decir que eran más jóvenes que yo, pero el hotel era bonito, muy económico, lo único malo era que habían habitaciones de prostitución pero se veía seguro, así me comento la chica que estaba en la recepción. Ella cubría turnos, pero me comentaba que el dueño recorría las instalaciones y los corredores y estaba pendiente de todo, así que no le pasaría nada a mi equipaje. Entre y subí por dinero, para luego bajar nuevamente e ir a la esquina que había una pollera y vendía varios menús exquisitos.

Había mucha gente en esa zona del pueblo, muchas personas caminando o comprando, fumando en las esquinas, al otro lado de la acera había un bar donde se sentaban a tomar, había algunos borrachos, pero era una zona segura. Desde mi ventana podía ver parte de la calle, pero no era algo que iba hacer en la noche, debía bañarme y acostarme a dormir para levantarme más temprano e ir a trabajar. Al acostarme, en la madrugada se escuchaban muchos ruidos, pero no le preste atención y me quede dormida rápidamente.

En la mañana me levante y salí corriendo para llegar a la hora que me había comentado Desiree. Era un día lluvioso pero con mucho calor, esos días que no se sabe si hará calor o frio. La gente andaba con sus grandes suéteres sin recordarse que en la tarde el calor era infernal y ese poco de ropa les va a estorbar, pero bueno, yo camine rapidito y estaban todos los negocios abriendo. Me preguntaba si Luis y Yillmir estaban en la plaza vendiendo y Mirna robándoles la plata y todo eso rollo que era estresante, pero obviamente no estaba cerca de la plaza, aunque por las calles se podía llegar, estaba como a 20min caminando pero no era de mi interés, yo había continuado mi vida y así debía ser. Llegue rapidito a la entrada de la cafetería y no habían llegado todavía, así que espere. Eran las 6:45am, había llegado bien porque había que activarse, pues en los alrededores ya habían empezado abrir. Seguía pensando en Luis y en todo lo que hacíamos a esa hora, pero en ese momento llego Desiree, que al verme, cambio su cara inmediatamente, como que le empezaba a incomodar mi presencia.

- Buenos días, Mayller.
- Buenos días, Desiree.

Empezó a mover las llaves para abrir el local.

- Caty no ha llegado, ¿quieres limpiar tú mientras yo ordeno todo o te parece que no vas a limpiar y esperar?

Yo sin ganas de pelear ni nada, le dije:

- Como sea.

En ese momento quería darle explicaciones pero me di cuenta que no valía la pena decir nada. Ella me miro y siguió abriendo el local. Yo sin preguntarle nada, agarre y empecé a lavar el coleto para comenzar a limpiar el local. Rápidamente, limpie las mesas y comencé a limpiar el piso, antes que empezara a entrar las personas a desayunar. Esa mañana, como había sido la mañana anterior, comenzaron a llegar un poco de tipos babosos a pedirle a Desiree, entonces ella al ver que yo comencé a atenderlos, para ayudarla, me dijo, molesta:

- Mayller no atiendas a mis clientes, encárgate de anotar pedidos y sacarlos. Caty debe estar por llegar, para que cobre.

La verdad, me daba igual lo que tenía que hacer, lo importante era atender a la gente y no dejar esperando a nadie. Entonces esperaba que ella me dijera para sacar el pedido. Al rato llego Caty apuradísima y colocándose el delantal se puso en caja. En ese momento, me moleste mucho, porque se notaba que la que siempre iba a limpiar y hacer la mayor cantidad de cosas iba hacer yo, porque

Desiree mandaba y Caty siempre llegaba tarde y nunca limpiaba ni nada, pero bueno, era lo que había. Yo no comente nada, para no poner las cosas peores de las que estaban y seguimos trabajando. Caty era una chica que era de pocas palabras conmigo, nunca comentaba nada fuera al trabajo y eso me impresionaba, pasábamos casi 10 horas juntas y no había ningún comentario de sus problemas o algo que quisiera comentar de su familia, pero bueno.

Ese día, Desiree derramaba café y yo tenía que salir inmediatamente a limpiar y así me tuvo todo el santo día, Tito llego en la tarde a cerrar la cafetería. Yo no salía ni a ver la calle, estaba tan ocupada limpiando una y otra vez las mesas, el piso, haciendo inventario, haciendo café, limpiando la cafetera, limpiando el baño. Entraba y salía demasiada gente y había que tener todo limpio. Las chicas y yo no coincidíamos mucho, estábamos todas ocupadas siempre, excepto algunos ratos que ellas se ponían a hablar. Cuando llegaba Tito, algunas veces era al mediodía o llegaba a cerrar el local. Siempre intentaba hablar lo menos posible con él en su oficina y trataba de salir a tiempo. El me preguntaba pero yo trataba de no decir nada para evitar, pero sí, yo era la que más hacia en esa cafetería.

En el hotel se estaba colocando todo color de hormigas, porque a una de las chicas que trabajaba la habían golpeado una de las noches, entonces era una trifulca cuando ella le comento al chico que las ofrecía y había salido del hotel con la policía, aunque sabíamos que eso era ilegal, la policía recibía tajada del trabajo de ella, bueno en realidad todos: ella, el chico, el hotel y la policía. Por mi parte, estaba todo bien, seguía buscando por los alrededores de la cafetería donde vivir pero no me daban alquiler de habitación y era el hotel más económico. Al revisar mi billetera, no me cubría para los primeros 15dias, sino solo para 10 días, así que debía hablar con Tito para que me diera un adelanto de la quincena o algo, para poder sobrevivir los días venideros antes de la quincena. Yo había bajado más de peso porque solo comía una sola vez al día y era en la noche, porque todo el día me la pasaba trabajando, el olor a café ya lo odiaba. Salía todas las noches a comprar comida, pero el pollo ya no lo quería ni oler, así que empecé a ir a una tienda a comprar chucherías, porque estaba cansada de comer siempre lo mismo.

En esa tienda, había conocido a un chico que vivía en los alrededores e iba a las 7 de la noche a comprar chucherías igual que yo. Esa noche, nuevamente coincidimos, no sé si era que me vigilaba o no sé, la cosa es que yo llegue a comprar y el llego a comprar lo mismo que yo y me dijo:

- ¿Te gustan bastante las golosinas?

Yo me sorprendí que me hablara porque siempre coqueteábamos pero no pasaba a más, pero le respondí:

- Sí, me encanta. – Y termine sonriéndole, mientras yo terminaba de comprar.
- ¿Vives cerca de acá?
- Si, ¿tu?
- También

Cuando iba saliendo de la tienda, me dijo rápidamente antes que empezara a caminar:

- ¿Quieres tomarte una gaseosa conmigo?
- Si, ¿por qué no?

La verdad quería irme a la habitación pero respondí sin pensar y me salió fue eso, bueno, al fin y al cabo, no perdía nada, era simplemente una bebida y un rato salirme de las paredes.

Recuerdo que nos sentamos a hablar un poco en una de las plazas. Era fin de semana y confieso que había mucha gente y toda esa gente nos veía como raro y eso me tenía un poco nerviosa, no era por el chico que era guapo, sino por la gente que sentía que me decían algo con los ojos y eso me estresaba. Al fin y al cabo, no le dije donde vivía porque me daba pena, pues vivía en un hotel de mala muerte, me había escapado de mi casa, no era una chica buena, en cambio el chico contaba su vida perfecta y yo no era nadie para venir a desordenarla. Él se veía un poco interesado pero me había dado cuenta que no me hacía sentir nerviosa como me había hecho sentir Luis. Siento que no me merecía un hombre así de maravilloso, por lo que había decidido dejar de visitar esa tienda para que no se volviera una obsesión para él. Después de pasar una conversación y un tiempo súper agradable con él, volví al hotel y me encerré. Después de comer, me acosté a dormir.

Así pasaron los 10 días consecutivos a eso, llegaba a trabajar temprano y luego al hotel a descansar. Una que otra noche tenia ánimos para salir a comprar cena, sino me acostaba para luego levantarme temprano. Esa mañana me levante y decidí hablar con Tito sobre el sueldo porque no iba aguantar los 5 días restantes. Llegue a la cafetería y esperaba a las chicas que llegaron las dos tardes y abrieron el local, en ese momento me tocaba hacer el trabajo más rápido porque si llegaba Tito y me veía limpiando con los clientes, formaría un escándalo. Desiree ese día estaba más insoportable que nunca, más lanzaba café al piso para que limpiara, gritaba más que nunca. Ese día estaba que le callaba la boca, pero bueno. Tito llego a las 2 de la tarde y aproveche cuando llego y le dije:

- Tito podemos hablar.

El me vio con la sonrisa que siempre tenía en la cara y me dijo:

- Pasa a mi oficina.

Yo no sé porque voltee a verlas a ellas, era como un movimiento involuntario y ellas pensaron que iría con el chisme, me provocaba pero esos no eran mis planes. Al ingresar a la oficina, me dijo:

- Ingresa, cierra la puerta y siéntate.
- Por supuesto- y se inclinó en su silla hacía atrás, poniéndose cómodo, con una sonrisa en la cara.
- Sé que tengo solamente 10 días en el local, pero necesito dinero…-me interrumpió preocupado y me dijo:
- ¿Dónde te estás quedando, eh?
- En un hotel.

Abrió la boca gigante, observándosele los dientes que siempre mostraba.

- ¿Qué? ¿Y por qué no me habías dicho? Vente a mi casa.

No entendí por qué le tenía que estar dando explicaciones a él, o porque se tenía que preocupar por mí. Y por supuesto no quería irme a su casa.

- No, solo quiero pagar los días en el hotel porque me puedo quedar viviendo allí. Voy a estar cómoda y me sentiré segura. Lo que te estoy pidiendo es un adelanto de la quincena.
- Pues, faltaba más- y saco de su billetera 4 billetes marrones- ¿tú crees que con esto te alcance?

Yo vi esos billetes y vi la gloria, tenía muchos más en la cartera pero si era un adelanto, ¿cuánto iba a cobrar en la quincena?

- Sí, me parece bien. Pero, ¿esto es de la quincena?
- Por supuesto que no, esto es un regalo. Porque mis empleadas no duermen mal. La semana que viene te doy más. Es más, cuando necesites algo, dime con confianza. Eres como mi hija, ok.

Cuando dijo "hija", yo me sorprendí mucho, sé que él le tuvo cariño a mis padres y capaz eso era lo que tenía y por eso era tan buena gente conmigo, bueno, en realidad era así con las tres. Cuando salí de la oficina, estaba Desiree en la parte de afuera esperando para entrar hablar con él también, supongo que a decir chismes, porque ella pensaría que yo estaba en esa onda y no era así. La cosa es que seguí trabajando, ella duro en la oficina toda la tarde. El trabajo estuvo muy suave y no más se hizo las 5 de la tarde, yo me fui rápidamente.

Esa tarde había decidido irme a pasear un rato y despejar la mente. Estaba cansada de encerrarme y solo ver televisión. Era temprano, podía caminar un poco y comerme un helado. La gente corriendo como loca, pero el ambiente estaba frio, la nubosidad hacia ver a la gente blancuzca pues envolvía todo el panorama. De igual forma disfrutaba el helado y caminaba las tiendas para ver que me podía comprar, un suéter, tal vez.

Pase por al frente de la academia donde veía clases junto a Luis. Empecé a recordar cuando le dije para estudiar, nuestro primer día de clases, las amistades que había conocido en esa academia. Habían sido momentos divertidos. No puedo negar que ese hombre me volvía loco y aunque había pasado un par de veces por el mercado a solo mirar de lejos, no estaba su puesto ni veía a ninguno de ellos, claro, ya había pasado meses desde que me había ido de su casa. Y en ese momento me encontraba pensando en el, en su engaño, en vez de haber sido franco conmigo, en su suavidad al hablarme al oído, en su sonrisa con esos dientes blancos que me hacia suspirar. Con esas grandes manos que habían recorrido mi cuerpo entero. Esos labios que habían rozado los míos, unos labios que no podía despegar esa noche que por primera vez sentí que era completamente suya. Pero estaba soñando despierta, frente a esa academia que había puesto celoso a Luis por el compañero de clases que me había invitado a estudiar.

A pocos minutos llegue a la habitación a llorarlo, a sentir ese dolor espantoso en el pecho, que me hacia odiarlo pero a la vez amarlo. Ese amor que me había hecho irme de su casa porque no soportaba más verlo con esa mujer maravillosa que lo amaba. Esa mujer que había llegado antes que yo y que posiblemente ya se habían casado. Eso me ponía más triste aún, así que decidí dormir para olvidar. En la mañana me levante y estaba lloviznando un poco, así que llegue al local mojada porque no tenía paraguas, le había dicho a la recepcionista que en la noche le pagaría la habitación, los días restante a la quincena y me había comentado que no había problemas y cuando me estoy acercando a la entrada de la cafetería, molesta porque tenía los pies mojados, estaba Desiree y Caty en la entrada esperándome:

- ¿Sabes que Tito es mío?- me dijo Desiree mientras se acercaba a mi desafiándome.
- No- Le dije, pero estaba tan triste y desanimada que no quería pelear con ella- Y no me importa, quédate con él y déjame en paz a mí.

Pero ella quería pelear y hacer un escándalo.

- Espero que no te metas entre nosotros, porque tú no sabes quién soy.
- Y tampoco me interesa saberlo- le dije y espere que ella abriera.

Caty nunca llegaba temprano, siempre me tocaba limpiar a mí y aunque sé que había llegado temprano, no me iba ayudar, así que estaba mentalizada, pero al mediodía ya estaba obstinada de su gritadera y ensuciando el piso una y otra vez, así que llegue a mí limite y le dije:

- Si sigues molestando, se lo diré a Tito.

En su cara sobresalieron sus grandes ojos, las venas de los

pómulos se le pronunciaron. Mientras Caty solo miraba la reacción de Desiree.

- ¿Me estás amenazando?
- Si, y me le acerque.

Era una pelea tonta porque a mí no me interesaba Tito como hombre ni como nada. Era el señor que me pagaba el sueldo, no tenía ni un mes en ese local y ya tenía tantos problemas con esas dos mujeres y aparte, era parte de la familia.

- Pues, yo fuera tú y me tendrías miedo. Tú vives lejos de este local y en el camino te puede pasar algo.

Mientras se acercaba Caty más a mí en mi espalda. Por un momento llegue a molestarme, pero pensé en que necesitaba el dinero o regresaría a lo de antes, así que le dije:

- No me amenaces que tú no sabes quién soy yo.

Un señor llamo a Desiree para que le vendiera un capuchino así que Caty se fue a la caja a cobrar y yo agarre la escoba para recoger los residuos de café que habían tirado por enésima vez. Al ver llegar a Tito a media tarde, pues ese día no sé porque había llegado temprano, le dije rápidamente, antes de que Desiree fuera a decir algo:

- ¿Nuevamente puedo hablar contigo Tito?

Desiree junto a Caty querían morirse, las caras que pusieron, volteando y viéndome fijamente, como asustada, me fue muy divertido, pues sentí que me tenían miedo.

Al entrar a la oficina, le dije:

- Sabes que yo hace muchos años estaba estudiando, pero mi papa me saco del colegio porque vivíamos muy lejos, luego intente retomar, pero no me fue posible y ayer pase nuevamente por la academia y ¿te quería preguntar si podía comenzar a trabajar mediodía para retomar los estudios?

Tito no podía aguantar la alegría, porque me había escuchado decir que quería seguir estudiando, se le notaba con la sonrisa en la cara, así que asintió con la cabeza, pero se detuvo pensativo y me dijo:

- ¿Cuál academia?
- La que queda en la calle transversal a las tiendas del pueblo.
- Ah, ya. Bueno esa no es muy buena, pero quiero proponerte algo, ya que me estás diciendo para estudiar.
- ¿Qué?
- ¿Qué te parece si te vas a estudiar a otra institución mejor que esa?
- ¿Cuál?
- Yo tengo una amiga que es profesora de Contabilidad y se va del pueblo porque le van hacer transferencia a una institución que me dijo que era muy buena. Le voy a decir, para ver si te puedes ir con ella.
- Ah chévere.

Me tomo por sorpresa, porque lo que quería era continuar trabajando pero no calarme todo el día a esas mujeres y así, si Luis continuaba allí podría verlo nuevamente, pero como de casualidad. Así que me despedí y salí de la oficina de Tito, contenta pero no tanto, porque no quería irme del pueblo a ninguna institución.

El resto del día fue más tedioso aun porque las mujeres no

hicieron nada y tenía que cobrar y a la vez atender a los clientes. Así que la tarde fue atareada. Ni pensaba en Luis, pues no me daba tiempo. Al cerrar, conté el dinero y se lo di a Tito, quien termino de cerrar el local, mientras Caty miraba a Desiree limpiar el mostrador.

Noches entera yo sentía que me seguían, pero no estaba segura si las chicas vivían cerca del hotel o era ese el camino que ellas tenían que recorrer para irse a sus casas. Esa noche, camino a la habitación, sentí esa presencia cerca de mí y cuando voltee, ellas venían detrás de mí: Caty y Desiree. Ya eran una molestia, de verdad, me estaba cansando, yo entendía la obsesión de Tito, pero ya era suficiente con tener que verlas en la salida del trabajo. Nunca entendí porque me odiaban tanto si no tenía nada que ver con Tito. Claro, ellas solo veían que yo entraba a la oficina de Tito y cada vez que salía era con una sonrisa en el rostro, capaz ellas si hacían algo y había era celos. Me detuve y me voltee hablar con ellas y contarles todo, pero Desiree me empujo inmediatamente sin dejar que yo pronunciara ninguna palabra. Con la misma que me empujo, me levante y la empuje a ella, la cual resbalo, porque el piso estaba muy mojado y se cayó golpeándose en el piso. Caty no dijo nada, nadie dijo nada, solo sé que llegue toda rasguñada y sucia al hotel y Cindy, que era la recepcionista, me pregunto pero no quise entrar en detalles y subí muy molesta a la habitación, además, de golpeada y rasguñada en los brazos y codos.

Al ingresar a la habitación, donde iba a buscar el dinero para pagarle a Cindy, había en todo el centro de la cama un ramo de flores rojas, bien arregladas en una maceta. Me sorprendí muchísimo y me quede parada por un instante en la puerta, viendo el ramo inmenso en la cama. Bueno, en realidad no era tan grande pero para mí lo era, nadie había tenido un gesto así conmigo. Pero antes de acercarme y ver la tarjeta, pensé en Tito, y pensé que si sería de él, había entendido porque Desiree me odiaba tanto. En ese momento sentí tanto asco, pues solo de pensar en besar a ese señor con ese gran bigote y las pequeñas gotas de saliva que se quedaban retenidas mientras hablaba me daba ganas de vomitar. Camine hacia la cama y abrí la tarjeta:

Hoy te quiero y hoy te olvido
Pa recordarte mañana
Que si no me quedo contigo
Yo pierdo y tu nada ganas
Luis

No lo podía creer, me había dejado el detalle Luis. Me quede con la tarjeta en la mano en la mitad del cuarto sin saber qué hacer, luego me lance a la cama a abrazar el ramo de rosas, pues eso quería decir que sabía que estaba allí. Pensé que era un sueño, pero no era así. Estaba junto a unas rosas que estuvieron en las manos de Luis, que me había hecho llegar hasta aquí y que además había pensado en mí cuando escribió el poema, así que me puse a llorar pero de la felicidad.

Me pregunte una y otra vez porque no había venido personalmente a dármelas, porque no me había buscado antes. Me empecé hacer un poco de preguntas porque quería saber que era lo que estaba pasando. Muchas noches pensando en su cuerpo, en su olor, en esos momentos tan exquisitos que había vivido a su lado. El me había visto, estaba convencida de eso. Mientras lloraba me acordaba de Patricia y todo esos días incómodos que el aparentaba que quería estar conmigo pero amanecía con ella. Tenía mucha duda al respecto, de cómo habían pasado las cosas después que yo me fui, seria que se había separado de Patricia o que quería seguir jugando con las dos. Acabo de unos minutos, me seque las lagrimas y me metí a bañar para bajar a hablar con la recepcionista para que me comentara un poco más sobre el ramo de rosas, pero esta no sabía nada ni habían dejado esas flores en la recepción. Probablemente, me dijo la recepcionista, que alguien había subido hasta la habitación, y mientras había visto pasar a la camarera a limpiar la habitación, le había pedido permiso para entrar y dejarlas sobre la cama, eso era lo que se le ocurría porque ella no había recibido nada y el turno anterior no había hecho el reporte. Ella me recordaba que en ese hotel entraba y salía mucha gente, a pesar que había seguridad por todos lados. Sentí la sensación que estaba afuera esperándome o viendo mi reacción así que salí a ver si lo veía. Pero nada de eso, no logre verlo. Le pague a Cindy y salí al local que vendía pollo y me comí unas piezas de pollo bien crujientes y grasientas. Estaba tan feliz que no me importaba nada.

La mañana estaba bella, llena de sol, pocas nubes que dejaban ver el cielo azul. Olía la gente a flores, pero no era cierto, sino que había dormido con la nariz en las flores, pensando que era Luis y el olor de las mismas no podía quitármelas de la cara. Así que todo me olía a las rosas rojas que me había mandado.

Al llegar a la cafetería, estaba Desiree y Caty, quien no se le veía ni un rasguño y yo tenía todo el codo y el brazo con marcas, aparte que me dolía la pierna. Al entrar también estaba Tito que al verme sonrió y me dijo:

- Quiero hablar contigo.

Sabía que eso me iba a causar un gran problema, pero no podía hacer nada, ni las voltee a ver ni nada, ingrese, solo pensaba en que le iba a decir para que no me botara o me regañara por el problema que tenia con las muchachas, pero no, se sentó y le dije:

- Dime.

Hable con mi amiga y me dijo que podías irte con ella, pero tenemos dos problemas.

- ¿Cuáles?

- Que la institución queda en la capital.
- ¿En la Capital?

Me sorprendió muchísimo, pues me estaba proponiendo irme con una señora que no conocía, que ni él conocía quien era yo y además que me fuera a la capital.

- Si.
- ¿Y cuál es el otro problema?
- Que ella se va ahorita para instalarse allá y tú te irías dentro de seis meses, para que vayas reuniendo los papeles y por supuesto el dinero para el pasaje y las primeras cuentas allá mientras te consolidas. ¿Qué te parece?

Por un momento no me gusto la idea, pero era una gran oportunidad, no podía estar con mi padre, no podía estar con Luis, entonces que estaba haciendo en ese lugar que no podía hacer en la capital. Capaz mi mamá estaba en la capital, pues Tito conocía todo el pueblo y no había visto a mi madre, capaz estaba era allá. Sentí que por algo me estaba diciendo eso. Aunque recuerdo que cuando estaba en la casa de Luis me había dicho que era difícil vivir en la ciudad, se que podía hacerlo. ¿Mi madre? Esa fue la palabra que llego rápidamente a mi mente, pero no fue lo que dije:

- Por supuesto, es magnífico. En seis meses podría trabajar full aquí y ganaría el dinero para ahorrar e irme.
- ¿Te gusta la idea?
- Sí, me encanta.
- ¿Y que con tu padre?
- ¿Qué de qué?
- ¿No le vas a decir nada?

Por un momento sentí la necesidad de responderle, pero yo había causado muchos problemas y contárselo era gastar más el tiempo que ir a trabajar, así que no le respondí y le dije:

\- ¿A que no adivinas? Me mandaron un ramo de rosas.

Al decir eso, me sorprendí porque no tenía la suficiente confianza para contarle eso tan importante para mí, pero ya había soltado la lengua y necesitaba, quería decírselo a alguien que no fuera las paredes de mi cuarto.

\- ¿Quién? No le digas que tienes a un pretendiente por allí.

\- Bueno pretendiente no es, es un chico que conocí hace más de 1 año pero tiene novia.

\- Entonces ¿Qué hace mandándote flores a ti?

\- No sé, eso mismo me pregunte anoche.

\- Bueno que quiere estar con las dos al mismo tiempo. Recuerda que si tiene novia es porque le gusta y quiere estar con ella. No deberías de alimentarte de ese amor que no va hacer correspondido.

\- Sus palabras me retumbaron en los oídos, me había puesto a pensar y por ende me habían bajado nuevamente la autoestima al piso, pues yo sabía eso y no lo quería escuchar. Preferiría seguir pensando que él pensaba en mí como yo lo hacía. Como siempre a nadie le gusta escuchar la verdad y eso me había enfurecido. Por un momento le agarre idea, pero salí de la oficina sin decirle nada al respecto y me puse a trabajar.

CAPÍTULO VIII

Había pasado 4 meses desde que Tito me había dicho para irme a la capital. Benecia era una señora muy amable. Era una señora grande pero con una cara dulce, son esas personas que siempre andan despeinadas pero que cuidan su aspecto. Durante esos meses tuve contacto con ella, pero no con sus hijos. No los conocía aun pero sabía que eran dos personas maravillosa, porque ella desde que estaba conmigo no hacía otra cosa que hablar de ellos "sus bebés", de decir lo orgullosa que estaba y que solo quería que ellos fueran felices. Por eso, buscaba una mejor educación para ellos y mejor bienestar para todo. Hablaba del viaje como si fuera una maravilla, como si nos íbamos a mudar del país, me prometía felicidad absoluta, la calidad iba a ser mejor. Yo, después de meditarlo en el cuarto, lo pensé bien. Sé que quería ver a mi mama y hablar con ella, pero recordando lo que me había dicho Tito, ella se había escapado de casa porque estaba cansada de la vida que llevaba y no la juzgo, yo había hecho lo mismo. No sé si ya no tenía ganas de verla, lo que si es que ya no era mi prioridad. Debía concentrarme en irme a otro lugar y comenzar de cero, no andar viviendo de motel en motel. La calidad de vida y tranquilidad tenía un precio y debía hacer algo, no esperar allí que sucediera algo con Luis o que mi papa me buscara o encontrar a mi mama, ya era hora de pasar la página en mi vida y comenzar de cero.

Tuve tiempo para ganarme su cariño, pues con ella quien no lo iba hacer. En todo momento me mostraba su amabilidad y sus ganas de que me sintiera feliz con ella, era una manera de conocerme. Llegue a sentirla como una tía, porque se comportaba tan bien conmigo. En ocasiones me abrazaba, me ofreció muchas veces su casa pero yo no quería ir a molestar, ya era mucha la molestia que me llevara en su viaje como para que también me invitara a comer y no quería que me insistiera. Yo estaba bien así, con tal tuviese mi trabajo. Benecia me decía que me consideraba parte de su familia y yo me sentía como extraña, muchas veces me comportaba arisca a sus atenciones, pero no voy a mentir, me encantaba que fuera así. Tito era tan amable, se notaba que había querido mucho a mi mama porque se portaba muy bien conmigo, me apoyaba no solo económicamente, sino que me daba su atención. Una que otras veces me invitaba a comer en la calle, nos invitaba dulces de su cafetería y así estábamos.

Las chicas seguían en su guerra interna ellas solas, porque en muchas veces se las pasaba por alto, otras peleábamos y así no las pasábamos. Yo las entendí en algunas oportunidades, porque Tito me trataba mejor que a ellas y con más atenciones y eso les molestaba a ellas, bueno, en realidad era a Desiree, pero Caty le seguía la corriente.

El día de mi cumpleaños, llegue al trabajo y Tito, que muy pocas veces llegaba temprano, me recibió con un bizcocho y un feliz cumpleaños hija. Me sentía tan rara pero me sentía feliz que él se acordara de eso. Por un momento pensé que había sido mi papa el que le había dicho, pero no comento nada. Me sentí tan confortada pues tenía años que no escuchaba la palabra hija, y no quería despegarme de ese gran abrazo que estaba recibiendo. Brazos fuertes, pues podrían ser los de mi padre, diciéndome hija. Por un momento me sentí como una niña pues estaba sintiendo la paternidad que deje de sentir hacia mucho pero mucho tiempo. Pero al despegarme y decirle: "gracias", mire a Desiree quien quería matarme con la mirada, lanzo un café al piso y corrió al baño.

En ese momento entendí que regresaban los problemas que estaban cesando, había logrado calmarse, pero ella tal vez y era lo más seguro, no había escuchado lo que había dicho al oído Tito y había sido "hija". Ella no entendía que Tito me veía como una hija y no como una mujer. Tito no entendía que estaba sucediendo, así que le dije a Tito que se sentara que yo le iba a contar que era lo que estaba pasando y le comente que Desiree estaba enamorada de él desde que yo había llegado a la cafetería y ella pensaba que él y yo teníamos algo y por eso, andaba con sus ataques de celos. El se sorprendió por lo que le estaba diciendo que se fue a buscarla al baño. Al mirar a Caty me estaba haciendo señas con la cabeza como queriendo decirme que estaba mal lo que acababa de hacer, pero ya estaba cansada de lo mismo durante esos meses, me tenían verde de tantos celos y molestias.

En ese momento, Caty se puso a secar el café mientras Tito hablaba en el baño con Desiree. Salieron del baño y ella como si nada siguió trabajando, nadie dijo nada. Cuando iban a ser las 5 de la tarde y terminaba el turno Tito me hizo señas para que me fuera a su oficina y al entrar, me pregunto inmediatamente por lo que pasaba y ya me faltaba poco para irme, le conté todo, absolutamente todo lo que me decía de él, lo que ella sentía, lo que me hacían y el solo se me quedaba viendo y estaba callado ante todo. El asintió con la cabeza cuando termine de contarle hasta el empujón y le mostré las cicatrices de los raspones que tenía en el brazo y en el codo. Me despedí y me fui de la cafetería.

Ese día nuevamente llegue a la habitación, pero cuando salí de la cafetería también sentía esa presencia detrás de mí, por un momento me asuste porque volteaba y no veía a nadie, pero seguía caminando mas y mas rápido. Por un momento pensé que había sido las chicas que me seguían y Desiree estaría molesta por lo que había dicho, pero no, en varias oportunidades cambiaba de dirección o me detenía, bueno, tampoco es que vivía tan lejos de la habitación pero igual estaba pendiente pero no, no me seguía nadie. La gente caminando con sus problemas, cada quien en lo suyo, pendiente de sus cosas. Las tiendas cerrando, muchos negocios bajando la santa maría y ya estaba por llegar al hotel, cuando vi a Cindy la recepcionista que conocía desde que vivía allí, nos saludamos y cada quien siguió su camino. Me bañe y baje a comprar comida, a ver si comía pollo o que iba a comer. Cerca de esa cuadra había descubierto una tienda que vendía comida asiática y me había gustado, me fui hasta allá a comprar antes que cerraran y de regreso me iba a la habitación, pero cerca del hotel me estaban esperando Caty y Desiree. Una me agarro y la otra comenzó a pegarme, intente zafarme pero se me hizo imposible. Sentía fuertemente los golpes, intente defenderme pero en ningún momento golpee a ninguna, solo cerré los ojos y comencé a perder el aire, las fuerzas, solo sentía los grandes golpes sobre mi rostro, no podía respirar. Hasta que caí al piso tratando de buscar aire, allí aprovecho Desiree, quien tenía grandes piernas y podía golpear más duro, me daba y me daba golpes. Por un momento escuche a la gente diciendo que se detuviera, pero estas solo decían que yo me lo merecía. Pero nadie se metió a defenderme, hasta que se cansaron y salieron corriendo. Mientras yo sentía que me habían sacado los dientes, abrí los ojos y vi las manos, la boca, todo mi cuerpo lleno de sangre. No podía dejar de toser. Sé que no me merecía nada de lo que me estaba pasando pero me estaba pasando y tenía que resolver.

Pero deje de quejarme conmigo misma y comencé a preocuparme en levantarme pero no tenía fuerzas ni para hacerlo, así que un par de señoras me llevaron a un hospital, donde me atendieron rápidamente, me curaron las heridas e intentaron llamar a la policía, pero yo no quería ni pensar estar cerca de un policía así que comente que me querían robar el dinero que llevaba en el sobre pero que no pudieron y por eso me habían golpeado. Así salí a las pocas horas del lugar, que estaba lleno de gente enferma. Realmente no me había pasado nada grave, solo tenía moretones por el cuerpo, rasguños, sentía como flojo los dientes pero no me llegaron a sacar alguno y me mandaron unos exámenes por los golpes en el estomago, pero yo insistí en salir, no podía estar tanto tiempo en el hospital si yo pagaba a diario y tenía todas mis cosas en el hotel, podía ser víctima, aparte de los golpes, de un robo de mis pertenencias. Aunque ya tenía meses en el hotel y ya me conocía a todo el personal, de igual manera estaba pendiente de todo.

Las señoras que me hicieron le favor de llevarme al hospital no había podido agradecerles, porque me ingresaron por urgencias y todo fue muy rápido. Como había sangre en la ropa y en el cuerpo, pensaron que era puñaladas, pero no, me golpearon la nariz y comenzó a sangrar, por lo que obviamente se mancho la ropa de sangre.

Comencé a caminar, quería morirme de la tristeza, no había entendido porque me dolía tanto en el alma la soledad, estaba sola enfrentándome a algo que no me correspondía, solo porque alguien quería ayudarme, no entendía porque la vida era tan dura conmigo y estaba sola ante todo, luego recordé que estaba a casi un mes de irme a la capital, ya no tendría que lidiar con esas mujeres y me alejaría de todo y de todos de una vez por todas. Resulta que cuando salí camine una cuadra pero sentía que me faltaba oxigeno para respirar, entonces agarre un taxi y le comente que le pagaría cuando llegara al hotel porque no tenía casi dinero y no me alcanzaba. El tipo a verme golpeada me empezó a preguntar si era que peleaba por un hombre y yo explicándole la situación. Como él decía, debía salir de ese ambiente hostil cuanto antes, porque luego seria tarde.

Al llegar al hotel, estaba Cindy quien al verme, me ayudo e intento saber lo que me había pasado. Le explique lo mismo que le había dicho al médico, para evitar contarle todo y se quedo quieta. Me acompaño a la habitación a buscar el dinero y ella se lo bajo al taxista, cuando de repente toco la puerta para regalarme pastillas para los dolores y algo de alcohol.

Al llegar a la habitación, me acosté. Me sentía tan mal, pues ahora tenía que lidiar con una paliza. No podía ni mover los huesos, no sentía los dientes ni las encías, pues me dieron a matar. Me dolía la cabeza, me dolía todo, todo. Tenía mucha hambre porque había perdido la cena, pero me quedaban un par de frutas, que comí al día siguiente porque no podía ni levantarme para ir al baño. Días enteros dure con los dolores musculares, la cara hinchada y sentía los dientes flojos, cosa que me preocupaba. Ya me quedaban menos de 6 semanas para irme a la capital. Tito me había dado un sobre con dinero antes de salir del local, por lo que guarde para poder irme, más lo que yo había logrado ahorrar durante esos meses.

Tito siempre me pagaba más de lo que me decía que era el sueldo, para que ahorrara, solo gastaba en almuerzo y cena, porque ni agarraba autobús de regreso al hotel para no gastar dinero. Los siguientes días no fui a trabajar, sino que espere cerca a Tito y al verme, me dijo:

-   Hey Mayller, ¿qué te paso?

Aun tenía un pómulo y la boca hinchada. Había asistido al médico para que revisara mis dientes momentos antes porque pensé que se me caerían, pero no fue exactamente lo que me dijo el médico.

- Me intentaron robar el viernes pasado pero no lograron quitarme el sobre que me habías dado, por eso no había podido ir a trabajar.

- Guao y ¿por qué no me llamaste? yo estaba muy preocupado por ti.

- No tengo tu número. Bueno no sé si quieres que me reincorpore al trabajo hoy, todavía siento los dientes flojos y me duele mucho la cabeza.

Él intentando hacerme sentir mejor, se veía muy preocupado, me dijo:

- Para nada, recupérate. ¿Sientes que necesitas más dinero?

Me dio mucha pena que ese señor me diera más dinero así que le dije:

- No, todo está bien. Pronto estaré de vuelta. ¿Te parece el lunes?

- No, si quieres vienes el miércoles, así descansas este fin de semana y vienes repotenciada.

Nos despedimos y se fue al local. Sentía que podía ser mejor, pero estaba bien.

Camino a casa, me detuve a ver unas manzanas para comprar, porque hasta las mandíbulas me dolían para comer y al ver a Luis, me sorprendió tanto que me detuve. Lo vi por el reflejo del espejo de la tienda. Mi piel se helo rápidamente, tan rápido que deje de sentir dolor en el cuerpo, mi corazón comenzó a palpitar a mil por segundos y comencé a temblar.

Como no dijo nada, pensé que había sido mi imaginación así que cerré y abrí los ojos nuevamente y aun allí estaba, así que voltee para ver si era él, y si, era él, viéndome a los ojos y parado delante de mí, muy cerca de mí. En varias oportunidades lo había visto en reflejos de vidrios, abría y cerraba los ojos y allí seguía, solo que me fijaba en las demás personas, en el ruido y me daba cuenta que su aparición era producto de mi mente. También me había imaginado que estaba tocando la puerta de la habitación, hasta escuchaba el ruido de la puerta pero yo no abría, lo veía en las afueras de la cafetería, pero no había sabido mas nada de él desde la vez de las rosas. Sentía mucha rabia por todo lo que había pasado, pero las ganas de abrazarlo eran más fuertes que cualquier dolor en el cuerpo o en el pecho que pudiese sentir. Quería sentirme querida por él, quería gritar de la emoción, quería besarlo. Se me detuvo el mundo, no sabía que había sido golpeada antes, que me dolían los brazos, las manos, la boca para hablar. El solo me miraba contemplando mi cara y me dijo:

- ¿Qué te paso? ¿Por qué no has ido a trabajar más?

Por un momento supe que él me seguía, el sabia donde vivía, donde trabajaba, a donde iba todos los días, el me perseguía y yo nunca lo había visto, pero si me lo había imaginado. Pero, ¿por qué no me había ido a ver en persona? Era una pregunta que yo me hice muchas veces después que me dio las rosas pero que en ese momento no supe preguntarle, solo dije:

- Porque me dieron una golpiza y estaba descansando.

El puso una cara de preocupación como intentando abrazarme y decirme que todo iba a estar bien, pero no lo hizo. Yo solo quería decirle que lo amaba, que durante muchas noches había soñado con él, que había dormido durante días, durante semanas con las flores que él me había mandado como si él estuviera en ese cuarto conmigo, y que si no hubiera sido porque la camarera que las boto porque estaba manchando la almohada, todavía durmiera con ellas.

Pero no me atreví y le dije, solo le dije:

- Me tengo que ir a descansar.

Y le di la espalda. Pero el me sujeto en el brazo fuerte, muy fuerte pero sin lastimarme. Mi cuerpo se excito, pues estaba nuevamente sintiendo parte de su cuerpo en el mío, habían sido sus dedos, pero era algo. Y me atrajo hacia el diciéndome:

- ¿Te quieres tomar un café conmigo?

Sería una cita, pensé. Pero no le respondí, sino que asenté con la cabeza y nos sentamos en unas mesas cerca de la tienda de frutas. Mientras él me guiaba, no hablábamos. Solo caminábamos en silencio, sabiendo uno al otro, o al menos yo, que en ese momento estaba Luis y Mayller. Mayller y Luis.

- ¿Por qué no me has buscado antes?
- Si lo hice. Te mande unas rosas.
- Sí, pero no me visitaste. Quería verte.
- Lo sé. – y se detuvo sin hablar más.

Por un momento nos tomamos el café y al terminar, todavía no hablábamos. Ya no éramos unos niños, bueno, ya yo no era una niña.

- Luis, quiero comentarte algo porque quiero que decidas que es lo que quieres hacer. Dentro de un mes me voy a la capital, se me presento una oportunidad y no la voy a dejar ir.

El solo se me quedo viendo y luego comenzó a ver la mesa durante largos segundos que para mi eran eternos minutos. En mis sueños Luis hablaba mas, no sé si quería decirme algo o se sentía culpable o quería reclamarme que me fui de su casa y no me había despedido y continúe:

- Me encanto el detalle de las rosas, me pareció lindo de tu parte. Intente ir a darte las gracias pero sabía que me conseguiría con Patricia y no quise hacerte sentir incomodo.

En ese momento me hubiera gustado escuchar un: "ya yo no estoy con patricia" pero no lo dijo, no dijo nada. En ese momento donde esperaba que Luis dijera algo, o es que estaba soñando sola nuevamente y viendo una sombra de Luis que no existía, llego el mesonero y le dio la cuenta, quien alargo la mano y el viento soplo el papel. En ese momento me fije que otra persona había participado en el momento y me di cuenta que no era un sueño.

Mire a los alrededores, intentando ver gente, movimiento, y allí estaba el sol, encandeciendo a los transeúntes, dando más calor de lo normal, la gente estresada caminando de un lado a otro y haciendo mucho ruido. Los carros intentando pasar por entre la gente sin atropellar a nadie, era el caos que se veía, mientras yo, tenía mi mundo detenido con el hombre más guapo y que tanto amaba, que no decía nada, no hablaba y lo mejor es que no sentía ningún dolor en el cuerpo, aunque tenía las marcas de la golpiza de días anteriores.

Se movió para sacar el dinero de la cartera y el mesonero se acerco para recogerlo, sentí rápidamente que debíamos levantarnos de la mesa e irnos, porque otros alomejor estarían esperando para sentarse y si hablar. Tal vez era la última vez que estaría con ese hombre cerca y le agarre la cara para que me viera a los ojos y le dije:

- Mírame fijamente- mis manos sobre su rostro rosado y labios carnosos me hacían desearlo aun mas, su aliento, su voz, me hacia suspirar por él, derretirme-quiero que me digas lo que piensas y sientes en este momento, por favor.

Pero no me dijo nada, solo me miraba a los ojos fijamente. Y le dije:

- Sabes Luis, sé que me quieres, deja que sienta lo que tu corazón me quiere transmitir, no retengas más lo que te quema. Aprovecha este momento, porque tal vez sea el último. Si no me dices nada, me levantare de esta silla, cruzare esa puerta y me iré. Después me habré olvidado de ti, quizás te arrepientas y ya será demasiado tarde.

En ese momento tan especial, se le aguaron los ojos y soltó una lágrima por mí, una lagrima de amor. No sé si era cierta o no, pero era una lágrima. Una lagrima gruesa que mojo sus mejillas. Yo ya había derramado tanto que yo no sentía ganas de llorar, tenía ganas que me hiciera el amor en ese momento. Muchos momentos había soñado con tenerlo así, y allí estaba, su cara entre mis manos. Pero no dijo nada, así que me levante y agarre mi mochila.

En ese momento me agarro la mano, y me miro fijamente. Sus manos estaban frías, como si estuviera agarrando una panela de hielo. Me dijo con una voz temblorosa, no podía hablar:

- No te vayas Mayller, desde que te fuiste de mi casa no he hecho otra cosa que buscarte durante meses, intente preguntarle a mucha gente en el mercado por ti, saber de ti. Pero habías desaparecido. Desde esa última noche donde te hice mía, no te volví a ver más. No sabía donde más buscarte, no conocía nada de ti. Sé que al levantarte y verme besar a Paty fue muy fuerte, después de la noche que habíamos pasado, pero los sentimientos que surgieron por ti fueron imprevisto. Yo amaba a Paty hasta que apareciste tú y con tu forma de ser, de pensar, de actuar, me hicieron enloquecer. Solo soñaba contigo, solo pensaba en ti a cada rato, a cada segundo. No podía despegarme de ti. Yillmir me lo decía una y otra vez, que me acordara que estaba con Paty pero yo intentaba tener todo bajo control, jamás pensé que tú sintieras algo tan especial por mí, jamás pensé que me corresponderías. Lo miraba en tus ojos, una dulzura, unas ganas de vivir, unas ganas de ser feliz, pero yo no supe cómo manejar la situación y no mezclar mis sentimientos. Hasta que Paty llamo y dijo que iba a regresar para casarse conmigo, en ese momento menos supe cómo reaccionar. Después te vi con Yillmir, me moría de celos, quería matarlo porque me estaba robando tu amor, me estaba invadiendo el espacio que tenia contigo. Sabía que te hacía daño con Paty pero yo estaba buscando la manera de decírselo a ella para estar contigo, pero no me dejaste. Te fuiste tan rápido, que no me dejaste- y lo interrumpí-

\- ¿Y por qué no me dijiste eso?

\- Porque esa noche que te fuiste, iría a tu cuarto para decirte-interrumpió para sentarme en la silla- que esa noche había sido especial, que quería estar contigo, quería explicarte todo para que supieras el por qué no te había contado nada de Paty, pues sabía que no me entenderías que me habías gustado mucho y que pensé que sería pasajero, pero no fue así, sentía mucho por ti, soñaba contigo, todas las noches quería que amaneciera rápido para irnos a trabajar juntos, ayudarte a cargar el saco, sentir tus manos pequeñas sobre las mías. Todas las noches soñaba con rozar tus labios, buscando el momento perfecto para besarte, para sentirte, para rozar tu cuerpo. No sabes cuánto soñé con esa noche en que fuiste mía, pero te marchaste sin mirar atrás, sin despedirte. Si tan solo me hubieras dicho, todo se hubiera solucionado. Luego te comencé a buscar, una y otra vez me escapaba de la casa a ver si te veía pasar en el pueblo, me paraba en la ventana cuando llovía y recordaba cuando me decías el por qué la lluvia te ponía triste. Hace meses me avisaron que te vieron en el mercado y me vine tan rápido no más me dijeron, para espiar tus movimientos. Me paraba a lo lejos de la cafetería, para mirarte como atendías a las personas, como limpiabas. En una oportunidad una de tus amigas del trabajo me pregunto si quería algo, porque siempre me miraba de lejos que yo la miraba. Te acompañe en muchas oportunidades en silencio hasta tu hotel, hasta un día entre y te seguí hasta tu puerta sin que te dieras cuenta. Estabas tan distraída que en una oportunidad pensé que me habías visto, pero no. Pero así fue como supe cual era tu habitación, donde comías, a donde ibas, y me cerciore que no salieras con nadie, que todavía estuvieras pensando en mí. ¿Sabes?

- ¿Qué?

- Te amo, me siento culpable porque estas triste, ni siquiera estuve cuando te golpearon para defenderte, pero tengo miedo; miedo de perderte; miedo porque te vas; miedo a no verte más; miedo a enfrentar mis sentimientos, miedo a no saber a qué atenerme y miedo a lo que ocurra de ahora en adelante, ¿me entiendes?

- No, pero no tengas miedo, de eso se trata la vida, de arriesgarse, si me quieres, vente conmigo, olvida todo y comencemos de nuevo. Sé que serás feliz, conseguirás un mejor trabajo.

Se quedo pensativo, sin responder. Así que continúe:

- Si es mucho para ti, no me des una respuesta ahorita, sabes dónde encontrarme, búscame. Tienes un mes para decidir, si no llegas, entonces me iré igualmente y no nos volveremos a ver más nunca.

Me interrumpió y me dijo:

- Pero… -le interrumpí y le dije:

\- Pero Luis, ¿Qué quieres entonces? Te estoy dando soluciones a tus sentimientos, te estoy brindando el cielo y tienes dudas, entonces no me hagas perder mi tiempo.

Me sujeto el brazo para que no me levantara de la silla y me dijo:

\- Acepto Mayller
\- ¿Qué cosa? No te estoy proponiendo matrimonio

Riéndose, me dijo:

\- Me voy contigo, solo dame cinco días y tendré todo listo, ¿te parece?
\- ¡Sí!

Me despedí con un beso en la mejilla. Sentí mis labios rosar su cara y me fui. En ese momento, sentí la calle diferente, las personas diferentes. Sentí que era la última vez que iba a ver a ese hombre que tanto había extrañado. Por un momento pensé que había sido un sueño, pero al voltear, allí estaba viéndome alejar de su vida. Alomejor más nunca lo vería.

Camine y camine hasta llegar a mi habitación. Al entrar, me encontraba sola, nuevamente sola. Si tan solo me hubiera seguido, me pregunte: "¿estará fuera de mi puerta? Así que corrí junto a la puerta y la abrí, pero allí no estaba, no me había seguido. Pero quería creerle, quería pensar que en 5 días estaríamos juntos

A los días que llegue a la cafetería, me extraño un poco el hecho que no tenían las manos moreteadas ni había rasguños en su piel, claro, habían pasado varios días desde lo que había sucedido pero aun así, capaz su piel oscura cicatrizaba cualquier herida. Ellas disimularon, yo también lo hice y seguimos en nuestros procesos. Tito siempre atento como siempre, haciendo planes con Benecia del dinero, de donde nos íbamos a quedar, etc., y eso me emocionaba, era un viaje interesante. Ya Tito estaba al tanto de lo que pasaba en la cafetería, sin embargo, éramos profesionales, atendíamos siempre nuestros clientes con amabilidad y respeto, en mayor parte lo hacía Desiree que le encantaba coquetear con los viejos babosos que iban todos los días a comprar cigarrillos y café. Caty estaba siempre metida en la caja, no la soltaba por nada del mundo, quien sabe si había mal manejo de la misma y por mi parte, me encargaba de limpiar, atender mesa, llevar pedidos, entre otras cosas. Tito se estaba comprometiendo más en su local, iba ayudar en los últimos meses, me colaboraba mucho, estaba pendiente de cualquier inconveniente y me había disminuido la carga de recibir pedidos, armar facturas y colocar precios, eso me ayudaba mucho porque no era una tarea para nada fácil.

Si me fije que entre Desiree y Tito se estaban coqueteando, capaz era un señor que no le gustaba las mujeres más jóvenes pero si se lo ponían en bandeja de plata, no creo que dejara pasar la oportunidad. Era interesante como su romance se iba intensificando pero siempre con un poco de timidez y muy pero muy disimulado. Yo me iba a las 5 de la tarde pero ellas se quedaban para cerrar, yo nunca cerraba, capaz en ese momento pasaba lo inevitable y eso, en varias oportunidades le daba pena a Tito hacerlo delante de mí. Igual a mí me daba igual, no era de mi interés su romance. A mí me interesaba es que pasaran los días lo más rápidos posibles para irme y comenzar de cero. Capaz tendría tiempo de encontrarme con mi madre y poder hablar con ella. Sabía que la capital era muy grande, pero si la buscaba bien la iba a encontrar, necesitaba abrazarla. Cada día que pasaba más pensaba en ella, en todo lo que le iba a contar. Había días que no quería saber nada de ella, sino comenzar de cero y había días que quería saber de ella, la necesitaba.

Faltando una semana para el día más esperado, tenía mis maletas preparadas, había comprado un kit de viaje, ropa caliente por si allá hacia frio, ya me había hecho la idea que Luis no volvería, faltaba muy pocos días para irme y sabia que no vendría y yo no podía salirle con sorpresas a la señora Benecia que iba a incluir a otra persona en el viaje, me parecía una falta de respeto, bueno, eso me lo repetía una y otra vez para que no me doliera tanto el hecho que me había dejado de una vez por toda y sentía que por segunda vez. Entonces eran noches de dolor y llanto, prefería disimular y creerme a mi misma que era muy mal gesto invitar a una persona y decirle a última hora a ella. Sin embargo, no perdía la esperanza que así fuera y además, había ahorrado más dinero, todo el dinero posible. Esa tarde había ido Benecia al local a decirme donde nos íbamos a encontrar y la hora, yo le explique a ella donde me estaba quedando, quien al decirle, se sorprendió un poco porque ella desconocía que yo vivía en un hotel, mas no hizo ningún comentario al respecto, más bien sentí que puso una cara de lastima. Ella se fue y al rato salió Tito con un bizcocho diciendo que íbamos a celebrar el cumpleaños de Desiree. Ella salió corriendo y lo abrazo, ese abrazo fraternal pero que se veía que le tenía cariño. El comento que ya casi cerraba la cafetería, para festejar el cumpleaños. Ellas comenzaron a organizar todo y yo limpiaba.

Meses antes habíamos tenido invasión de ratas y ratones, así que colocamos por detrás de los mostradores, en la oficina de Tito y por los baños, comida para ratas. Obviamente no se veía visible, lo hicimos muy disimuladamente, porque si salubridad se daba cuenta nos cerraba el local inmediatamente. Yo empecé a limpiar y recogía las pepas que eran pequeñas, se podrían hacer pasar por chispas de chocolate, porque ya tenían tiempo en el piso y se habían colocado marrones. En ese momento se me ocurrió la brillante idea de recoger un poco de ese veneno y guardarlo en el bolsillo. En un momento que estábamos cerrando el local, Desiree se metió a la oficina y se encerró con Tito y Caty se metió al baño a orinar, a mí se me ocurrió incrustarle al pastel rosa con chocolate parte de esas chispas, quien se daría cuenta, eso pensé y tampoco iba hacer mayor daño, una infección gastrointestinal. La incruste un poco por la torta y en ese momento salió Caty del baño y yo seguí limpiando. Sabía que no se había dado cuenta. Salió a recoger los carteles y yo continúe colocándole las incrustaciones a la torta, muy sutilmente para que no se dieran cuenta.

Ya cuando estaba listo el sitio, me despedí de Tito quien insistió en que solo cantara el cumpleaños con mis compañeras de trabajo y si quería me fuera. El problema fue que él empezó a hablar, diciendo que no podíamos llevarnos mal, éramos compañeras de trabajo y mas era el tiempo que la pasábamos juntas que el que estábamos en casa con nuestras familias y esa cantaleta que era tediosa, pero si, en parte tenía razón. Al culminar el canto, me ofreció un pedazo de torta, yo no podía negarme porque si pasaba algo, se vería raro, así que asentí y vi a todos comiendo torta felizmente. Estaba deliciosa, quien hacia las tortas las hacía muy bien. Tito comentaba que era una torta de la panadería de la cuadra de al frente donde trabajaba un chef que cocinaba unos postres espectaculares. No paraba de hablar y ya yo me estaba impacientando porque me quería ir. Cuando vi la oportunidad, le comente a Tito que deseaba irme porque yo tenía que comprar unas cosas e irme a casa y no se negó.

Cuando salí del lugar, no podía negar que sentía un poco de miedo si Tito comía el veneno y en lo que le pudiese pasar a él, mi intención no era hacerle daño a nadie, sino una diarrea. Se le aburriría su cumpleaños a ella, por mala gente. Camine rápidamente, voltee en varias oportunidades porque sentía que me seguían, pero no era Luis ni las chicas. Era parte de mi imaginación, así que llegue rápido a la habitación. Cuando me estaba bañando me empezó a doler el estomago, una puntada en la boca del estomago, empecé a sudar rápidamente y tenía muchos escalofríos. Me vestí rápidamente y baje las escaleras, estaba Cindy en la entrada, me pregunto si pasaba algo y le dije que tenía demasiado dolor de estomago, la cual me comento que fuera rapidito a la farmacia que allí me recetaban algo para la gastritis.

Cuando llegue a la farmacia, había una fila larga, porque la gente estaba pidiendo medicamentos y solo había una persona que estaba atendiendo. Fue en ese preciso momento que era el frio, el dolor y se había sumado las ganas intensas de ir al baño, así que no me daba tiempo de esperar hacer la fila, corrí rápidamente a la habitación otra vez y llegando abrir la puerta me hice en los pantalones, ya no solo tenía diarrea, tenia escalofríos, frio, sudoración, dolor intenso en el estomago. Me sentía muy mal. Era en esos momentos que pensaba en mi familia, en mi mama y en mi papa, en Luis. Pensaba que nuevamente, estaba allí mal, enferma y sola. No aguantaba las ganas de llorar y me venía en llanto. Tenía esa costumbre de que mucha gente me apreciara y allí estaba Cindy tocando a la puerta para saber si estaba mejor o si me podía ayudar. Yo le gritaba que no podía levantarme del baño y se alejo de la puerta. Al rato llego con una sopa bien caliente para ayudarme a pasar el dolor. Recuerdo que ella siempre me ayudaba pero ella no tenia novedades en su vida, no se enfermaba, no le dolía nada, ella era un roble para poder mantener a su familia. El día que se enfermara, la cambiaban, porque así eran los trabajos, te enfermas y te botan.

Ella me había contado que mantenía a toda la familia, su padre era un alcohólico y tenía 2 hermanos menores que ella. La mamá planchaba pero no les alcanzaba, entonces ella trabajaba para ayudar a su familia. Era una chica ejemplar, pues estar allí detrás del mostrador no era fácil, la clientela que buscaba habitación eran abusadores y falta de respeto. Pero aun así, ella se calaba todo, no decía nada y atendía lo más amable posible, solo para poder mantener su trabajo.

Estuve toda la noche en el baño. Era fuerte el dolor de estomago, pero estaba bien. Al cabo de un rato, comencé a vomitar, pero me repetía una y otra vez que estaba bien, que era una travesura pero no pasaría a mayores. Me acosté a descansar un poco porque había cesado la diarrea y al despertar ya había amanecido, ya era justa la hora para irme, cuando llego Tito a la habitación. Al dejarlo pasar, me abrazo fuertemente y me sentía aliviada que no le había pasado nada.

  - He pasado la noche mal del estomago, pero estoy bien.
  - No sé qué paso, pero Caty se intoxico con la torta de anoche y esta muy mal en el hospital.

Cuando conto eso, no sabía si reírme, guardar silencio, alegrarme, entristecerme. Solo sé que por dentro estaba un poco alegre y me parecía un acto jocoso porque por fin, había logrado hacerles algo a ella, aunque eso implicara yo estar un poco mal, pero sé que se me pasaría. Tito me dijo:

  - Espero que te mejores, porque hay mucho trabajo por hacer y te faltan pocos días para arreglar todo e irte.

Asentí con la cabeza y allí venían otra vez los retorcijones de estomago fuertes, creo que tenía que ver con que no había comido y las pastillas que me había traído Cindy me las había tomado en la noche y no mas, así que le dije a Tito que me las pasara para tomármelas de una vez y me calmaran un poco el dolor, el intento convencerme de que me fuera con él a su casa, pero allí me sentía bien mientras pagara la habitación. Quede en ir al día siguiente a trabajar si me sentía mejor y al despedirse, se marcho inmediatamente.

Nuevamente el cuarto se quedo solamente conmigo, había pasado de 2 personas a ninguna. Pero, intente entretenerme con la tv que había dejado prendida Tito al irse. Al abrir los ojos nuevamente, había amanecido. Había dormido toda la noche como una reina, sin embargo, tenía muchos mareos y nauseas. Me comí el poco de sopa que me quedaba del día anterior y me levante a asearme. Al salir y bajar, salude a Cindy a quien le di las gracias por ayudarme, pero que ya me sentía mejor y debía ir a trabajar. Y me marche. Al llegar a la cafetería estaba Tito solamente. Triste, pues sus ojos estaban llorosos. Al verme, me saludo y me dijo:

- ¿No te enteraste?
- No.- pensé preocupada porque desconocía que pasaba y quería pensar que él no sabía que había sido yo la del veneno.
- Murió Caty. Anoche no aguanto el lavado estomacal, pues comió veneno, supongo que la torta que compre en la panadería estaba envenenada.

Me callo la noticia como un baño helado, no quería que muriera, solo quería molestarlas. Así que me dolió mucho mi travesura, pues con un simple juego había llevado a su muerte.

- No me lo esperaba. Yo me siento muy mal, pero supongo que ella comió mas veneno que yo.
- Si Mayller. Ella sufría de gastritis y no soporto el veneno. Ya le hice participe a la policía quien mando a inspeccionar la panadería y efectivamente, tienen problemas de ratas como nosotros. Quienes tuvieron a punto de cerrarme, pero quede en limpiar y fumigar el lugar. Hoy justamente llame a fumigación y vienen mañana. Vamos a tener que cerrar por luto y por fumigación por unos días.

La cara de Tito era de total tristeza, esa tarde era el funeral, aunque insistió en que fuera a estar con él y con Desiree, pero yo no quise, no era bienvenida en ese lugar e igual me sentía muy mal del estomago. Así que nuevamente me dirigí a mi habitación para terminar de pasar los mareos y las nauseas, que venían e iban una y otra vez.

CAPÍTULO IX

Camino a casa, solo pensaba en lo que había pasado y me sentía angustiada, pero sé que venían averiguaciones fuertes porque no era fácil, hablábamos de una muerte, pero al mismo tiempo me acordaba de todo lo que ambas me habían hecho y me ardía la sangre y decía muy dentro de mí que se merecía eso y mucho mas. Era parte de lo que les tocaba vivir y que era el karma.

Caminaba y caminaba como sin rumbo fijo, pensando pero a la vez sintiendo el sol espantoso en el cuerpo. Solo quería esconderme en el cuarto y no sentir ese calor que estresaba, encandilaban la vista y no dejaba observar nada. Solo tenía que resistir, ya faltaban poco días y eso era lo que importaba, como si a donde me iba no había sol, ni calor, otra vida, en eso pensaba. Al cruzar para llegar a la calle donde quedaba la habitación, veo a lo lejos a Luis, no lo podía creer, el estaba allí. Mi corazón se volvió como loco, con tan solo verlo. Me dolía el pecho pero de manera bonita. Capaz había venido para despedirse o capaz se iba conmigo, no sé, lo que si se es que al estar más cerca de él, vi un bolso que estaba en su espalda y se encontraba inclinado a la pared. Cuando llegue a estar cerca, mis piernas temblaban, mis manos sudaban. Me sentía muy pero muy nerviosa. Se me había olvidado las nauseas, los mareos, las ganas de ir al baño, todo por ese hombre.

Al verme, Luis me dijo:

- Vine para quedarme.

En ese momento no aguantaba la emoción y termine corriendo y lo abrace, roce esos labios que muchas noches había soñado con sentir, su lengua que rozaba mi lengua y me hacia inmediatamente aumentar la presión arterial en el cuerpo. No escuchaba sonidos, ni voces, ni ruido, ni el sol quemar mi piel. Había sido un momento muy especial para mí. Me coloco su brazo sobre mi cuello y comenzamos a subir las escaleras hacia la habitación.

Una vez en la habitación, se lanzo sobre la cama y cruzo los brazos sobre su cuello, esperando y viéndome parada frente a él, pero no, me habían vueltos las ganas de vomitar e inmediatamente lo deje ahí y me fui al baño rápidamente a vomitar. El se preocupo pero le dije que tranquilo, que estaba bien.

Al salir, me agarro la mano y nos acostamos juntos, sin tocarnos, sin vernos. Me acosté a su pecho y cerré los ojos, quería contemplar ese momento para siempre. Al despertar seguía dormida y el no estaba en la habitación, fui al baño y tampoco estaba, pero al observar el piso, estaba su bolso así que sabía que no se había ido ni habían sido alucinaciones mías. Espere un poco y llego con una bolsa llena de comida: sopa, pollo, plátano dulce, papas sancochadas. Una delicia, no lo podía negar que era lo que necesitaba en mi vida, lo que tanto quería, que me ayudaran, que me atendieran, que me necesitaran. Comimos, vimos televisión y se fue al baño. Había muchísimo calor, más de lo normal y era difícil dormir por si sola en esa habitación, sin embargo, había soñado con esos brazos abrazándome, entonces espere que se fuera a bañar y nos acostamos.

Apagamos las luces y me abrazo, cuando de repente siento como sus grandes manos me agarran la mejilla y acerca su nariz a la mía, su cara olía a jabón recién bañado y un sudor un poco pegostoso. Y sentí nuevamente el roce de sus labios a los míos, su lengua recorrer mi boca. Sus grandes manos recorrían todo mi cuerpo, desde los senos hasta mis partes íntimas. El no sabe cuánto había deseado estar así con él, me recordó el olor a monte, sus noches hablando, las voces por la ventana de la casa de atrás. Comenzó a quitarme la camisa, el pantalón. Yo seguía su ritmo, no quería aparentar que estaba desesperada aunque no veía la hora en sentirlo dentro de mí, guarde pacientemente, decidí disfrutar cada caricia, cada beso, cada mordida, cada recorrido de su cuerpo sobre el mío y lo disfrute, lo disfrute mucho. Al despertarme, estaba viéndolo dormir, lo olía, estaba muy cerca de él, disfrutaba su aliento, su frescura. Esa mañana quería saberlo absolutamente todo, que era de Yillmir, Mirna, su papa y por supuesto de Patricia, pues todo ese tiempo que había estado en el pueblo no los había visto vendiendo en el mercado. Quería saber tantas cosas pero a la vez no me sentía preparada para saber nada de ella. Lo importante es que estaba junto a mí y que se quedaría para siempre conmigo.

Y así comenzó la gran etapa de mi vida, estaba junto a esa persona que tanto amaba. Estuve dos días encima de él, dos días para arriba y para abajo. No hablábamos del pasado, nadie decía nada, solo estábamos disfrutando de los momentos. Yo tenía muchas preguntas que hacerle pero no quería escuchar o no me sentía preparada para escuchar cual era la verdad.

En esos días en que mi estomago sufría un dolor intenso por las noches, terminaba sobando mi abdomen comentando que con eso se me aliviaría el dolor. Sus grandes manos me hacían enloquecer y terminábamos haciendo el amor. Un amor que cada vez era más intenso. Me hacia enloquecer de lujuria. Le repetía una y otra vez lo feliz que me hacía y este repetía al final de cada frase: "yo también".

En una de las noches, Cindy me saludo y lo intento saludar a él, mientras salíamos del hotel para ir a comer en el centro. La mire y enseguida observe que le estaba coqueteando, la ira me hizo arder el cuerpo, pues no iba a permitir que ninguna mujer me lo viera, ni siquiera que intentara quitarme a ese hombre que ya era de mi propiedad, ya era mío. En el transcurso del camino al local de comida, le comente:

\- No quiero que veas a la recepcionista que es una zorra. - El sin prestarle mucha atención, continúo caminando sin querer hablar mucho.

Los días siguientes lo note ido, pensando en muchas otras cosas en silencio pero no me comentaba nada. En una sola oportunidad le pregunte qué era lo que estaba pasando y no quiso compartir conmigo, por ende, decidí disfrutar del momento y ser feliz a su lado. Me tocaba trabajar, así que esa mañana me levante muy temprano para irme a la cafetería. Al salir de la habitación me sentí culpable porque regresaría tarde-noche y no sabía que iba a comer porque no tenía dinero, así que antes de llegar a las escaleras me devolví para dejarle algo de dinero que había ahorrado. Al entrar a la habitación, lo observe en una posición muy provocativa, como intentando mostrar todo su cuerpo. Eso me encanto y quise brincarle encima a abrazarlo, pero se me hacía muy tarde y tampoco debía abusar de la confianza de Tito, además me quedaba pocos días para seguir trabajando con él. Me iría de ese pueblo junto con mi amor a la ciudad. Solo en pensar en el viaje me ponía feliz, pues olvidaría todo, dejaría ese rencor atrás. Por lo que, le deje en la mesita de la cama unos billetes para que pudiera salir a comer mientras volvía.

Al salir de la habitación recordé que no iría sola al viaje, tenía que hablarle de Luis y ver si Benecia quería llevarnos a los dos, igual había ahorrado la mayor cantidad de dinero para irnos juntos y pasarla bien y poder sobrevivir un tiempo. Yo solo gastaba en comida y en la habitación, lo demás lo ahorraba y eso me había ayudado bastante, además que Tito me pagaba muy bien, mejor que Desiree y en su momento Caty.

Y llego ese día, que teníamos que irnos. Nos despedimos de Tito, quien al mirarme a los ojos me dijo:

- Te me cuidas mucho, sabes que aquí tienes a un tío.

Al mirarle, los ojos los tenia llorosos, parecía que si tenía un cariño bonito para conmigo y me lo demostraba en cada minuto que pasábamos juntos. Abrazo a Benecia y agarramos las maletas para irnos todos. En ese momento conocí a los hijos de ella, era un chico de 16 años de edad y uno de 9 años. Tranquilos, de poco hablar y estaba en su momento, disfrutando los últimos minutos en ese pueblo. Era un viaje y esperaba que fuera sin retorno a ese lugar que tanto me había hecho llorar. Luis me observaba y no dejaba de abrazarme. Me tenía la mano fuerte agarrada, capaz el sentía una nostalgia y se hacia el fuerte, capaz si quería irse y comenzar de cero. El caso es que no me quería soltar en ningún momento.

Yo sentía que todo era tan perfecto. Ya en ese instante no pensaba en mis padres, ni en Carlí, ni lo que pudiese estar sintiendo Desiree, realmente no me interesaban, estaba comenzando de nuevo y era en lo único que pensaba. Caminamos un rato largo hasta la parada del autobús que nos llevaría a la ciudad. Estaba a 17 horas de camino, sin contar las paradas que hacia el autobús para descansar las piernas, comer, etc. Luis me ayudo a cargar uno de mis bolsos, al ver, tenía muchos bolsos y cosas. Recuerdo cuando salí de mi casa, tenía solo un bolso pequeño en la espalda, eso me causo risa y Luis me pregunto pero no entre en detalles.

Llegamos a hacer la fila del transporte. Benecia y yo nos fuimos a comprar los boletos para esperar nuestra hora de abordaje. Había tenido suficiente dinero y eso le quise dar a entender a ella, que no solo Tito me había dado dinero sino que yo había trabajado bastante y tenía la cantidad suficiente para ayudarla con los gastos y no se sintiera incomoda con la presencia de Luis, pero ella era una persona comprensible, amable, era una persona muy hermosa conmigo.

Esperamos más de 3 horas, Luis me comento que tenía mucha hambre y al mismo tiempo, los hijos de Benecia habían ido a comprar comida.

- Mi amor me da mucha pena contigo, yo traje dinero pero no lo suficiente. Puedo comprar la comida yo y tú me ayudas con algunos gastos y no mas lleguemos a la ciudad yo consigo trabajo y te devuelvo dinero.

- No Luis, ni más faltaba, somos una pareja, ahora somos una sola persona, mi dinero es tu dinero. Cuando consigamos trabajo, costeamos todo.

Luis me sonrió y agarro los billetes para ir a comprar unos sándwich y un café, mientras esperábamos la salida del autobús. Nos sentamos en la parte de atrás todos, para ir más cómodo. Los hijos de Benecia solo hablaban entre ellos y Benecia estaba leyendo un libro con sus lentes bien abajo en la nariz, se veía como una abuelita. Ellos se veían que estaban en su mundo y Luis sentado observando como el autobús comenzaba a rodar. Hacia una brisa muy fresca que rosaba nuestra piel y nos hacía pensar nostálgicamente. Aunque sabía que la vida en la ciudad era lo mejor, no dejaba de pensar en esa tierra, donde había nacido y había vivido años insuperables. Esos árboles absorbiendo tanto sol, esas tierras áridas, las personas corriendo de un lado a otro, el olor a monte, la soledad en las habitaciones donde había vivido. Al rato estábamos todos durmiendo. Sería una larga noche.

Hicimos 4 paradas, en la primera nos sentamos a comer todos, parecíamos una familia. Sentía esa sensación muy rica, disfrutando la brisa fresca llena de pequeñas y diminutas gotas de agua que nos refrescaban. Ya antes de bajarnos, nos despertamos en la penúltima parada antes de llegar al centro de la ciudad. Estaba amaneciendo, por la ventana Luis y yo logramos ver la puesta del sol, lo bese en los labios y le dije lo maravilloso que iba hacer todo, como tratando de convencer de algo que se supone él ya estaba convencido. Con una mirada muy bonita siguió observando el amanecer. Benecia y los niños seguían dormidos, con el pescuezo casi en el piso, había sido un viaje muy cansón, nos dolían las piernas de tanto estar sentados, pero estábamos bien. El copiloto del autobús aviso que estábamos próximos a llegar. De repente, se detuvo el bus, observe por la ventana y no se veía otra cosa que carros por un lado y carros por el otro. Habíamos llegado a la ciudad, colapsada de tráfico, lleno de mucho humo, ruido de cornetas. Se sentía una suave brisa, pero con olor a gasolina. No podía aguantar la alegría que brotaba de mi cuerpo, me sentía feliz. Veía a mi lado y el amor de mi vida observando los carros. Los hijos de Benecia felices, se lo podía observar en la cara, el pequeño viendo por la ventana, parándose y sentándose a cada rato y Benecia descansando un poco. El viaje duro 19 horas, duramos más de una hora para poder llegar al centro. El autobús andaba y en cada semáforo duraba una eternidad para continuar. Eran horas muy temprano de la mañana.

Al bajarnos, había mucha pero mucha gente caminando con sus maletas, Benecia nos hizo señas que la siguiéramos:

- Estén pendiente chicos, aquí es muy fácil perderse, cuando lleguemos a la casa, les explico un poco.

Todos como paticos pequeños siguiéndola a ella tras un rio de gente. Yo observaba las edificaciones, edificios muy altos, nada de suelo de tierra. En ese momento respire profundo y me dije a mi misma que era lo que me merecía, una vida diferente y no a la que estaba acostumbrada en ese pueblo lleno de lodo cuando llovía. Caminamos una cuadra y agarramos un autobús para llegar a la casa que había alquilado Benecia, donde viviríamos todos. Al subirnos, incomodamos un poco a las personas porque si bien, eran similares al pueblo, se veía una diferencia: las miradas. Todas viéndonos como bichos raros, con audífonos, escapando de la realidad. Nos hicimos con las maletas y aunque no logre sentarme en un momento, logre ver un poco la ciudad. No había visto ningún anuncio en las tiendas ni cafetería pero algo muy dentro de mí me decía que iba a salir todo bien, que íbamos a conseguir trabajo rápido. Benecia era una señora y había sido costurera a su vez docente, pero me comento que le era difícil conseguir el empleo, así que con tener una buena maquina en su casa podía trabajar desde ella, tranquilamente y sin tantas preocupaciones como las que tenía yo. Sin embargo, intente disimular y veía a Luis viendo pasar los carros y observando todo.

Al bajarnos, era una casa hermosa donde había alquilado Benecia, tenia 2 cuartos grandes. En un principio íbamos a dormir Benecia y yo juntas en un cuarto y sus hijos en el otro, pero la presencia de Luis, obviamente no le había molestado en absoluto, había cambiado los planes que tenia ella. Mas, no hizo ni señales ni hizo ningún comentario al respecto. Las calles eran muy largas, parecían veredas. Una casa de un solo piso al lado de otra, y otra al lado de otra y así. Muchas con rejas blancas, cerrando sus casas pero no sentí que era por la delincuencia, es más, se veía un vecindario muy tranquilo. Transitaba poco carros por lo que vi y no había parada de autobús en esa cuadra, así que sería muy tranquilo y sin ruido. Al llegar, Benecia llamo en un timbre de una de las casa a los lados y salió una señora muy amable, quien le dio una llave a ella y volvió a entrar a su casa. Benecia, sin mostrar ningún gesto de felicidad, aunque yo si lo estaba y mucho, entramos. Nos mostro la casa y nos indico nuestro cuarto. Era nuestro cuarto, el cuarto donde iba a poder estar mucho tiempo con ese hombre grandote, hermoso, grande sonrisa. Le dije a Luis, al ingresar al cuarto y ver un closet y una cama:

- ¿Te gusta? ¿Te encuentras bien?

Se me quedo viendo y sonrió, luego se vino hacia mí, me abrazo y me alzo, diciéndome al oído:

- Es perfecto mi amor.
- Yo también pienso que es perfecto

Nos abrazamos y nos caímos a la cama a besarnos. Benecia nos toco la puerta y nos comento que en la tarde irían a comprar comida e instalar todo. Yo le comente que me avisara.

Estábamos demasiado cansados para salir en ese momento, así que nos abrazamos y nos acostamos. Mi cabeza estaba sobre su pecho y escuchaba claramente su corazón, casi podía decir que estaba muy lento e indicaba tranquilidad en su corazón y en su mente, eso me hacía muy feliz. Había sol pero no era ese calor pegostoso del pueblo y era un poco refrescante. Me sentía satisfecha, que la vida me había dado una oportunidad con él y eso me ponía muy feliz. Al despertarnos era de noche, tarde. Yo me levante apresurada, porque sabía que Benecia me iba a llamar, pero al abrir la puerta, estaba todo apagado, supuse que se habían quedado dormidos.

- Amor, ¿será que salimos a ver como son las calles?- le dije a Luis
- Si por supuesto mi amor, vamos.

Nos levantamos con esa flojera de seguir en las sabanas y abrazados, pero quería explorar y no perder el tiempo en ningún momento, aprovechar cualquier oportunidad, no quería decepcionar a Tito que había depositado su confianza en mí. Salimos de la casa pero no teníamos llave, así que tuvimos que dejar la puerta bien ajustadita pero sin cerrar porque no queríamos despertar a Benecia ni a sus hijos. Al salir, no hacía calor, ni frio, era un ambiente riquísimo. No olía a monte ni había ese poco de tierra en los caminos, era perfecto. Observamos el cielo sin una estrella, ni se observaba la luna, eso era lo único negativo. Cuando salíamos por las calles del pueblo podíamos subir las miradas al cielo y ver muchas estrellas y la luna en su mayoría, había muchas calles sin luz así que la vista era una maravilla. En cambio el cielo en la ciudad era un poco más sereno y no se observaba nada, pero era lo de menos, obviamente. No había nadie transitando y eso que eran pasadas las 9 de la noche. No había casi carros, uno que otros que pasaban por esa calle. Caminamos un poco más y llegamos a la avenida principal donde pasaban los autobuses y había muchos negocios, todo cerrado. En ese momento estaba pensando en que en la mañana iría a buscar trabajo, era a unas cuadras de la casa, donde nos habíamos bajado horas antes con Benecia.

Camino a casa, Luis estaba callado. Él era el que me guiaba para indicarme como llegar a la avenida principal y ya sabía cómo llegar a la casa nuevamente. Al llegar, entramos en silencio y Luis entro al baño a bañarse y yo en el cuarto comencé acomodar la ropa en el closet. Pudiese estar bañándome con él, pero me parecía una falta de respeto con Benecia y no quería abusar de su confianza, desconocía como pensaba. Al salir Luis, entre yo y nos acostamos. Luis no hacia ningún comentario sino lo cotidiano. La verdad quería saberlo todo, Patricia, Yillmir, su papa, todo pero él no quería hacer ningún comentario y me daba mucha pena hacerles preguntas, lo realmente importante era que estaba conmigo, eso me lo repetía una y otra vez. Al acostarnos, frescos, no habíamos comido pero ninguno de los dos tenía hambre, comenzamos a tocarnos. Cada momento a su lado era mágico, me olvidaba de todo, consideraba a Luis como un escape a la realidad de mis problemas. Luis era esos ojos que yo quería ver, me podía reflejar en su iris; era esos brazos que quería que me dieran calor mientras dormíamos, era esos labios que quería probar toda mi vida; era esas piernas que quería sentir pesadas mientras dormíamos; era ese aroma a jabón fresco durante horas después de bañarse. Era esa calma que llenaba mis días de tranquilidad y que me decía que todo iba a salir bien. Era ese tono de voz masculino que me encantaba escuchar por las mañanas. Eran esos dedos que quería que recorriera todo mi cuerpo. Era ese pecho en el que necesitaba apoyar mi cabeza por las noches. Sentía que podía aportar ideas para vivir mejor. Luis era todo para mí.

Benecia me toco la puerta, al ver el reloj, eran las 6 de la mañana. Observe la claridad que entraba por la ventana del cuarto, pero hacia mucho frio, todo en silencio, uno que otro pajarito cantando, pero no se escuchaba mayor ruido.

- Mayller no me levante anoche, que pena contigo.
- Benecia no te preocupes, nosotros salimos a ver un poco las calles y conocer cuál era la avenida principal.

- Yo voy a salir en un rato a buscar un colegio y ver que comprar para hacer desayuno, ¿quieres venir conmigo?
- Por supuesto- le dije a Benecia- Voy a vestirme.

Ella entro a su cuarto y yo rápidamente me vestí. Al observar a Luis, el estaba boca abajo descansando. A pesar que lo había arropado al salir del cuarto porque estaba haciendo frio, se le podía notar la espalda. A pesar de haber llevado sol por tanto tiempo tenía ese color blanco en su piel. Su piel como la de un bebe, muy suave. No quise llamarlo, sino que salí rápidamente del cuarto y me encontré con Benecia en la sala de la casa. Me dijo para hacer una lista pero no teníamos tiempo, teníamos que salir rápidamente para que no se hiciera tan tarde y se levantaran.

Salimos y caminamos hacia la avenida, había mucho frio, había a esa hora tráfico de carros y autobuses porque había mucha gente camino al trabajo. Muchas tiendas abriendo y en esa cuadra caminamos para encontrar un colegio, el más cercano, Benecia entro a un par y le dieron la información, pero para aceptar a sus hijos le harían unas pruebas académicas a ver si estaban aptos para ingresar. Después pasamos por un abasto donde compramos algunas cosas para desayunar y almorzar. La diferencia de precios al pueblo eran mínimos, sin embargo, al comprar en grandes cantidades hacia la diferencia y nos fuimos a la casa. Benecia era una mujer muy reservada y no hacía comentarios de ningún tipo. Consideraba que ella pensaba que no era problema de nadie lo que pasaba con Luis. Al llegar a la casa estaban despiertos los niños, eran las 8:30am pero Luis seguía durmiendo. Llegue al cuarto y al escucharme se intento levantar pero le comente que si quería siguiera durmiendo, que íbamos hacer el desayuno y luego lo llamaría para que comiera y me acompañara a buscar trabajo y bueno, buscara para el también. Acepto medio dormido.

A cabo de unos minutos estábamos sentados desayunando todos, mientras Benecia explicaba para donde íbamos a ir a conseguir trabajo y lo que le habían comentado. Al principio salimos todos y empezamos a caminar, lo curioso es que hacia sol pero no calentaba la piel como en el pueblo, más bien era una especie de sol para iluminar. Hacia un poco de frio, pero mientras avanzamos el clima se iba mejorando. Después Benecia y sus hijos se distanciaron, nos hicimos señas de que nos veríamos mas tarde en la casa. Íbamos agarrar autobús para movilizarnos pero en vista que no podíamos gastar dinero porque no sabíamos que iba a suceder, seguimos caminando. En una cafetería estaban buscando ayudante, así que ingrese hablar e inmediatamente me pidieron mi número y me estarían llamando en el resto del día. Luis tenía un teléfono un poco viejo pero funcionaba. Caminamos un par de horas para regresarnos a la casa, Luis hablo en un lavadero de carros; en un restaurante donde estaba el anuncio de mesero y le solicitaron el numero también, que se comunicarían con él. Decidimos regresar caminando a casa, estábamos un poco lejos pero de esa manera compartiríamos. Nos comimos un helado, estábamos agarrados de la mano todo el tiempo, hasta que por fin llegamos a la casa.

Benecia al vernos, nos dijo:

- Ya conseguí empleo y voy a trabajar desde casa, voy a coser ropa.

Yo me alegre mucho y la abrace, felicitándola. Ella era una señora ya mayor para andar de autobús en autobús para ir al trabajo. Al cabo de unos minutos, estando en el cuarto, sonó el teléfono de Luis, quien al atender, me pasó el teléfono a mí. Me estaban llamando de la cafetería para comenzar al día siguiente y no tenía que llevar la hoja de presentación ni nada, solo querían probarme porque yo les había comentado que había trabajado antes en una. Salí del cuarto y le participe la noticia a Benecia quien estaba muy contenta. De la casa a esa cafetería me podía ir caminando, si estaba como a 30 minutos pero podía ahorrarme el dinero. Luis se quedo esperando la llamada, sin embargo, le dije que no se preocupara que al día siguiente saldría a buscar y estaba segura que encontraría.

Al día siguiente me estaba levantando muy temprano para llegar a ese lugar a las 8 de la mañana, en punto, si fuera necesario llegar antes de la hora. Me levante en silencio para no hacerle ruido a nadie y me bañe y me fui. Con el calor de los brazos de Luis quería seguir estando pero no se podía, debía irme rápido. Camine rápidamente para llegar a tiempo y así fue. Era una cafetería muy grande, había que hacer varias cosas pero nada de lo que no supiera. Y ese día di lo mejor de mí para que me dejaran trabajando. Las y los compañeros de trabajo eran muy sencillos, cada quien en lo suyo y usábamos todos uniformes. Cada cosa que pasaba quería llegar a la casa a contárselo a Luis, rogar que no se me olvidara para decírselo. En la hora de almuerzo contaron cómo eran los pagos y como debíamos mantener el uniforme impecable, las reglas del trabajo, que entre uno de ellos, era el respeto entre compañeros y con el cliente.

Y así empezó mi nueva etapa, camino a la casa, ya eran las 8 de la noche, llevaba pan porque nos regalaban al final del día y caminaba rápido porque no se veía peligro pero ya quería llegar y que Luis me comentara como había sido su día, me diera un beso y un abrazo y pudiésemos estar juntos antes de acostarme, porque era un trabajo fuerte y aparte se trabajaba todo el día y solo se descansaba un solo día a la semana. Camino a casa habían muchos carros, muchos negocios todavía abiertos, la gente caminando, todo como si fuese temprano, era una ciudad nocturna, lo que era solo era entrar a las calles para la casa, porque no era zona de transeúntes.

Cuando llegue a la casa ya todos habían comido, así que deje el pan encima del mostrador y me fui al cuarto. Luis estaba acostado viendo hacia el techo, al verme sonrió y abrió los brazos para recibirme. Yo sentí una alegría ver esos brazos grandes esperándome, esa delicada mirada y esos labios rojos carnosos, como si usara algo de pinturas, me encantaba y me fui encima. Quería contarle todo, absolutamente todo lo que me había pasado y que el hiciera lo mismo. Al bañarme estaba tan cansada que solo quería estar entre sus brazos, escuchar su voz, sentir su respiración en mi cara y quedarme profundamente dormida, como si eso fuese un sueño, como si era hora de vivirlo, de disfrutar cada minuto a su lado que valía oro. Podía pasar horas con él y se me hacían minutos, sentía que lo amaba tanto. No pudimos hablar mucho, pero me conto que salió a buscar trabajo y no consiguió, mientras hablaba sentía su voz entre dormida. Cuando sonó la alarma de mi reloj, ya eran las 6 de la mañana y debía levantarme.

Benecia ni se escuchaba, yo salí de la habitación callada para no despertar a Luis, ella estaba haciendo el desayuno, me pregunto si iba a comer y acepte, así que me senté con ella y uno de sus hijos a comer. Ella contaba todo lo que había hecho el día anterior y me parecía una exageración que le hubiese dado el tiempo para resolver el colegio de sus hijos, buscar información para que ellos estudiaran, todo, absolutamente todo. Debía comprar aparatos electrónicos, por ejemplo, una computadora o teléfonos inteligentes porque el que tenía era un perol que de broma enviaba mensajes de textos, pero quien en un pueblo que vive con las personas a nuestros lados va a estar pendiente de un teléfono. De por sí, era un auge en la ciudad y debíamos adaptarnos a todo. Yo también había pensado que no mas cobrara iba a comprar dos teléfonos para comunicarme con Luis, así fueran económicos.

Y así fueron pasando los días, nos levantábamos temprano para irnos al trabajo. Siempre había sido dedicada en los trabajos, así que trataba de hacer lo mejor posible para que no me botaran ni me llamaran la atención. Luis salía uno que otro día y al llegar a casa me contaba todo lo que había hecho en el día, muchas veces estaba un poco triste porque se le estaba haciendo difícil conseguir trabajo. Ya habían pasado casi 25 días y no había logrado conseguir algo, sin embargo, yo todas las noches le daba mensajes de ánimos, igual me tenía a mí, que podía hacer turnos extras para ayudarnos al mes a cobrar un poco mas y cubrir los gastos del arriendo, la comida y los teléfonos que queríamos para comunicarnos en el día. Los dos hijos de Benecia habían comenzado a estudiar, ella era una mujer perseverante y había logrado buscarle un cupo a los dos en sus respectivos grados. Ambos llegaban en la noche echando los cuentos que habían vivido en el colegio, lo cual me causaba mucha risa porque los chicos eran muy diferentes a lo que yo recuerdo que había vivido en el colegio. La Era tecnológica había llegado para quedarse y todo era electrónico, lo cual facilitaba un poco las cosas, pero resultaba a veces un poco monótono estudiar, perdía el sentido buscar la información y solo tardar unos segundos, los segundos que se tardaba google en arrojar los resultados, copiar y pegar. Así era todo mucho más fácil y las tareas la hacían rapidito en la noche para irse a dormir, muchas veces llegaba del trabajo y estaban todos durmiendo. Luis me esperaba pacientemente porque sabía que hacia turnos extras para ayudarnos y muchas veces se quedaba dormido. Igual yo llegaba y me enrollaba en sus grandes brazos. Siempre tenía ganas de estar con él, de sentirlo, de acariciarlo, de decirle lo mucho que lo amaba, de probar su sabor, de olerlo. Definitivamente estaba viviendo un sueño espectacular y no quería despertar de él.

Benecia era una mujer reservada, nunca me llamaba la atención, sin embargo, yo intentaba llegar a casa y dejar todo limpio y arreglado, por si había algo que Luis no había hecho yo lo hacía antes de irme a dormir para seguir viviendo con ella y que no hubiese algún problema. Luis muchas veces ni salía del cuarto, me preguntaba que hacia pero el insistía que la mayoría de las veces era haciendo ejercicios o durmiendo o las veces que iba a buscar empleo. El era muy relajado en muchas cosas y eso me complementaba. Siempre pensaba en el día que me había ido de mi casa y estaba enfocada en quedarme fuera, así que debía hacer las cosas bien y una de ellas siempre era la de trabajar y tener dinero para poder pagar un techo. Además que vivíamos en una buena zona de acuerdo a los comentarios de los compañeros de trabajo y era un arriendo compartido entonces era mucho más económico y el sueldo con los turnos extras me iba ayudar mucho.

El día 31 nos llamaron en el trabajo a una reunión y yo esperaba con todas las ganas que ese viernes nos pagaran, pero solo indicaron protocolos y al finalizar, nos vimos las cara todo como intentando averiguar qué pasaba. Los compañeros de trabajo eran muy tranquilos y geniales, totalmente diferente a lo que me había tocado anteriormente, nadie pendiente del trabajo de los demás, enfocados en hacer las cosas bien. Sinceramente cobraba muy bien y valía la pena mantenerlo. Durante el día murmuraban pero una compañera me había comentado que eran puntual para pagar, es más, ya a las 3pm estaban dando la mensualidad y era la primera vez en mucho tiempo que se habían tardado, pues eran las 4:30pm y nada que decían, eso me ponía ansiosa, por lo que me había tomado como 4 cafés.

Efectivamente, a las 6 pm llego el gerente y empezó a pagar a todos en efectivo, la cara de alegría era algo que brillaba en el ambiente, me dio el dinero lo cual me dio pena contar en la cara del señor y pidió disculpas por el retraso, es que habían 3 nuevos que estaban metiendo en el sistema y demoraba porque tenían que contar cuantos turnos y horas extras habían hecho. Unos trabajaban algunos días, yo solo descansaba dos días y a veces, un solo día, dependía de la semana, pero como no tenían como avisarme me tenían que avisar el día anterior si trabajaba ese día o no y eso estaba bien, por los momentos. Ese día llegue temprano y contento a la casa, además que al día siguiente me lo habían dejado libre, así que iba aprovechar de comprar las cosas que necesitara, los teléfonos y obviamente, darle el dinero a Benecia. Luis estaba sentado en la cama meditando, eso pensé, al llegar le comente lo que había pasado y me dijo que estaba un poco estresado, que si estaba libre mañana, lo acompañara a buscar empleo, que yo tenía como más suerte que el.

Nos acostamos, pero no hicimos nada, últimamente no

hacíamos nada porque o estaba durmiendo o estaba estresado, pero yo lo entendía, no era fácil estar todo el día en las cuatro paredes de una casa sin hacer nada. Yo más que nunca lo entendía, esperando que alguien llegara con algo para comer, sin ánimos de hacer absolutamente nada. Necesitaba ese apoyo y yo con mucho gusto lo iba ayudar. El sábado intente en varias oportunidades levantarlo temprano pero él no había querido y como tenía más de 20 días trabajando hasta tarde con un solo día entre semana, estaba muy cansada, así que no nos levantamos temprano, sin embargo, al despertarme y ver la hora era mediodía.

Le dije que se apurará si quería buscar empleo, porque debíamos comprar comida, comprar los teléfonos y recordar que debía regresar temprano para descansar porque al día siguiente trabajaba muy temprano. El fácilmente lo entendió y se levanto a bañarse. Yo consideraba que no era necesario porque duraba muchísimo en el baño y eso empezaba a estresarme, pero decidí calmarme y esperar que el saliera para yo entrar a usar el baño. Al salir de la habitación eran la una y media, estábamos sobre la hora para hacer todo lo que queríamos hacer. Vi a Benecia y a los niños, pero intentamos no hablar mucho para no tardarnos y salimos de casa a las 2pm. No era una hora adecuada, ya que estaba programada regresar a las 6pm para descansar en la noche, pero sabía que no íbamos hacerlo y ya estaba molesta y predispuesta, así que intentaba hacer todo lo más rápido posible. El observo mi actitud pero no me comento nada, hasta que me vio caminando apurada:

- ¿Pasa algo May?
- Si, salimos muy tarde. No nos va a dar tiempo de hacer todo lo que había pensado. Vamos a comprar los teléfonos, algo de comida y nos vamos a casa.

Luis asintió con la cabeza y así hicimos. Los teléfonos eran hermosos pero muy costoso, así que escogí un teléfono que nos permitiera llamarnos y mensajearnos en un principio y ya después veíamos como comprábamos algo más sofisticado. A Luis no lo veía muy entusiasmado pero era justo y necesario que debíamos comunicarnos durante el día, además que lo iba ayudar a buscar empleo. Luego compramos algo de comida y ya eran las 7 de la noche así que nos regresamos a casa, porque debía darle el dinero a Benecia antes que se acostara. Llegamos y Benecia y sus hijos estaban cenando, aproveche para darle el dinero y el número de teléfono nuevo por si necesitaba llamarme. Ella se emociono muchísimo, aunque observo el teléfono de Luis también y miro para otro lado. Entramos al cuarto a dormir y le pregunte si hablaba con Benecia y me comento que no, que no tenían casi contacto y prefería no molestar.

Regrese al día siguiente al trabajo nuevamente a comenzar un mes. La noche anterior estaba muy cansada pero logre besar los labios de Luis nuevamente, tocar su cuerpo, amarnos apasionadamente como esa primera vez. Había entendido que no era solo ilusiones mías sino que cada día que estábamos juntos era más maravilloso y eso me hacia tan feliz.

En la hora de descanso, decidí llamar a Luis a ver cómo le había ido en la búsqueda de empleo pero no me contesto. Igualmente salía temprano e iría a casa a compartir con él. A las dos horas me llamo, no me había contestado porque estaba durmiendo. Le pregunte si había ido a la búsqueda de empleo y me comento que no, se había quedado dormido porque duro toda la noche revisando el teléfono nuevo y conociendo su uso para sacarle provecho. Al principio no me molestaba pero a medida que pasaban las horas empezaba a pensar, ya había pasado un mes desde que habíamos llegado a la ciudad y todos los días pasaba algo para no buscar trabajo. Sin embargo, no le preste mucha atención y me prometí que cuando llegaría a casa hablaría con él a ver si pasaba algo.

Salía temprano, pero una compañera tuvo una emergencia familiar y la cafetería vendía bastante pan en las noches, así que decidí cubrirla yo para hacer turnos extras, lo íbamos a necesitar si Luis continuaba así. Mientras limpiábamos y acomodamos, se nos fue la hora y salimos tardísimo. Las calles tenían poca circulación de carros y personas, así que en esa zozobra un compañero de trabajo me acompaño cerca de la casa, porque manejaba la misma ruta. El trabajo estaba cerca de la casa, pero las calles de la casa eran muy solas y oscuras. Intente llamar a Luis en varias oportunidades para que me buscara en la esquina de la casa pero no había contestado y eso me había puesto de muy mal humor. Cuando llegue a la casa, el estaba en el baño con el teléfono, se estaba duchando, así que entre apresurada al baño:

- ¿Por qué no me contestas el teléfono?
- Hola May, ¿como estas?

Estoy un poco enojada, te compre ese teléfono para que atendieras emergencia, no te voy a llamar para saludar, solo si necesito algo o si necesito alguna información y hoy necesitaba algo.

- Mi niña pero no te molestes, estoy duchándome y no lo escuche, estaré más pendiente. Ven y metete conmigo, así te quito esa molestia.
- No, yo lo que menos quiero es bañarme, estoy muy molesta.

Luis salió de la ducha y me agarro ajuro y me metió con toda y ropa a la ducha y me moje completamente los zapatos del trabajo y el pantalón. Le insistí que no tenía más ropa para mañana pero cuando comenzó a besarme tan rico se me olvido absolutamente todo y terminamos haciendo el amor.

Al culminar, puse los zapatos en la ventana con el pantalón para que se me secara para el día siguiente. En la mañana, al levantarme la ropa estaba húmeda pero no podía hacer nada, así mismo tenía que ir al trabajo. Supuse que en el día se me secaría, pero no, al cabo de un par de horas la ropa olía espantoso y ya dos compañeras de trabajo se habían fijado y me lo habían comentado. Tuve que acercarme al jefe y comentarle que había tenido un accidente y la ropa se me había mojado junto con los zapatos, pero él no puso mucha atención como si no le importara, pero yo quería que supiera que no era mi olor habitual, que era la ropa que olía así. Ese día, salí temprano y no cubrí turnos extras porque debía llegar a casa a solucionar ese problema. Llame a Luis no mas salí para contarle lo que había pasado y se que llegaría en unos minutos a casa pero quería escuchar su voz y reírnos de nuestra travesura y me respondió rápidamente. Al escucharlo sentí como un poco de paz, además, estaría más tiempo con él en casa. Le dije que iba en camino y me comento que me estaba esperado con ansias. Llegue a casa y me puse a lavar la ropa que olía malísimo, porque no se había secado bien. El al escuchar el cuento no paraba de reírse y burlarse. Termino ayudándome a exprimirla para colocarla frente a la ventana para que recibiera la mayor cantidad de aire y poder que se secara bien. Nos acostamos a ver el teléfono de él que le había sacado provecho y yo inmediatamente me quede dormida.

Cuando abrí los ojos, ya era hora de levantarme. Estaba enrollada en sus brazos, así que le di un besito y me levante al trabajo. Sé que iba a parecer una mujer muy fastidiosa pero lo llame al mediodía que era mi hora de descanso y no contestaba, pero al llegar a casa intentaba comentarle pero se me pasaba y así pasaron varios días. Un día llegue a la casa y el no estaba, sentí un vacio tan grande, se me paralizo el corazón, había salido y Benecia no sabía nada al respecto. Lo llame en varias oportunidades pero no me contesto, no sé si era que ponía el teléfono en silencio pero muy poco contestaba las llamadas. Revise su ropa y todo estaba allí. No sé porque pensaba que se había marchado, que la vida junto a mi no era divertida, pero esa era la vida de adulto, trabajar y trabajar y los pocos ratos libres era para pasarla descansando al lado de la persona que queremos. Eso era de pequeños que prácticamente nuestros padres nos mantenían y no hacíamos nada y eso era algo que se que el sabia y debía entender de la vida conmigo era muy diferente a la vida con Patricia.

A la hora se escucho la puerta y salí rápidamente a la sala, estaba entrando, saludo a Benecia y entro al cuarto.

- Disculpa que no te respondí, estaba buscando trabajo y conseguí. Estaba muy cansado de estar metido en la casa, me estaba empezando a deprimir. Conseguí en un autolavado y como necesitaban al personal de inmediato, comencé a trabajar y no se podía usar el teléfono.

Yo sentí una emoción tan grande, que no mas dejo de hablar, me le fui encima abrazarlo.

- Tranquilo, no pasa nada.

Se metió al baño a ducharse e intente esperarlo pero cuando abrí los ojos ya había amanecido y estábamos acostados. Lo llame y miro la hora y se levanto enseguida, debía irse a los minutos conmigo para no llegar tarde. Así comenzó otra etapa en la vida de nosotros, pero esa etapa duro unas 2 semanas, porque lo despidieron porque el jefe lo gritaba mucho y una de esas no aguanto y se retiro, el problema que no le habían reconocido el tiempo trabajado porque él no quiso volver por su cheque y no quiso que yo fuera a buscar ese cheque, entonces al final, había perdido su tiempo. Yo, sin embargo, seguía con mi trabajo y había dejado de hacer horas extras porque los dos estábamos trabajando. Pero sabía que alcanzaba porque no tenía que gastar en teléfonos ni nada de lujos. Al llegar el mes, le di el dinero a Benecia y hasta nos alcanzo para irnos a comer.

Ese día fue maravilloso, un día diferente fuera de las cuatro paredes y Luis dejar de verme dormir. Sin embargo, la idea era que el consiguiera otro empleo para ayudarnos y tener para darnos lujos.

Eso era lo que queríamos los dos. No puedo negar que hablar con él, sentir sus labios o cualquier pensamiento que el tuviese para mí era tan importante. Quería oírlo, que se sintiera cómodo, quería que se sintiera bien, así que por eso no lo presionaba. Así pasaron un par de semanas y nada que conseguía empleo. Un día al salir de la habitación, los niños de Benecia ya se habían ido al colegio y ella debía irse a su trabajo pero me espero para hablar. Al salir de la habitación en silencio, porque Luis estaba durmiendo me llamo a su cuarto:

- Mayller, sabes que yo no digo nada, ni me entrometo en tus cosas, pero si Luis no va a trabajar, ¿Por qué no te ayuda con los que oficios de la casa? Tú llegas cansada todos los días y tu único día de descanso, te la pasas lavando la ropa de él y tu uniforme. De broma te da tiempo de dormir.

No dije nada, en realidad yo no tenía problemas con ese tipo de actividades, más bien me sentía feliz y cómoda, era la mujer de Luis y para mí era muy especial hacer las cosas de una buena mujer, pero obvio, ante los ojos de otra persona, eso estaba muy mal. Sin embargo, hice caso omiso de sus observaciones, no tenían validez, así que le dije:

- Tranquila Benecia, hablare con él. Igual, ¿el te deja algún plato sucio o algo?

Benecia puso cara de asombro y me dijo:

- No, para nada. Si el llega a cocinar algo, yo siempre llego a la cocina y todo está en su sitio, como si él no hubiese hecho nada.

Por un momento me quedo la incógnita de lo que estaba diciendo pero se me hacia tarde para irme al trabajo, así que me despedí y me fui al trabajo. No llegue tarde pero llegue justo a tiempo. Todo el día me la pase pensativa, con la pregunta de si Luis estaba comiendo. Lo llame en mi hora de almuerzo pero no me respondió, supuse que estaba en una entrevista de trabajo o durmiendo. Igual esperaba que me devolviera la llamada. Al finalizar el turno y revisar el teléfono no tenía ni una llamada perdida, lo llame para que me fuera a buscar a la esquina, que cada día que pasaba le había agarrado miedo, aunque sabía que no iba a pasar nada, podía pasar pero me dijo que no, que le tenía que avisar como con una hora de anticipación para el ir arreglarse y salir con calma, estaba acostado en la cama descansando. Bueno, no puedo negar que me molesto pero no quería pelear, cada momento a su lado debería ser perfecto, así que me hice la loca y llegue a casa con un compañero de trabajo que vivía cerca. Al llegar al cuarto, estaba jugando con el teléfono, me cambie e intente comentarle lo que había hecho pero no mostro interés y me quede dormida rápidamente. Así fueron pasando los días, poco a poco se fue poniendo un poco más difícil porque no quería trabajar. Después de varios días sin ni siquiera responderme o acompañarme al trabajo, empecé a pelear con él, quería era estar en casa relajado mientras yo me mataba en la calle, el pensó que no lo estaba manteniendo y eso era así, le explique pero él no entendía lo que le estaba diciendo. Después de una discusión que termino en insultos y gritos por ambas partes, me dijo que mas era lo que peleábamos que lo que salíamos y compartíamos, me dijo que estaba pensando irse al pueblo, porque era una carga para mí.

Me toco sentarme e insistirle que no era más que el cansancio y la presión que sentía porque debíamos tener el dinero para pagar el alquiler y la comida, aparte que tenía que hacer horas extras porque eran solo mis ingresos, no era que me molestaba, yo sabía que de esa íbamos a salir adelante. El se quedo un poco más tranquilo. En el trabajo tenía un compañero que me acompañaba hasta cerca de la casa, al llegar al trabajo le comente que si quería le pagaba para que siguiera acompañándome y así no tenía que estar llamando a Luis, pero él me comento que no necesitaba el dinero, que igual él tenía que pasar por esa esquina para irse a su casa. Yo le conté a Luis, que por un momento pensé que se pondría celoso, pero pareciera como que ni le importaba si conocía a un chico y se enamoraba de mí, yo se que yo era una mujer excelente y cualquier hombre quisiera tener una mujer como yo, pero eso era algo que él no le prestaba atención en ese momento, no era como cuando Yillmir o el chico del hotel con el que había sentido celos y que me perseguía. Algo había cambiado y no sabía que era, sin embargo, no quise hacerme una historia en mi cabeza porque realmente ese compañero de trabajo no me importaba ni significaba nada para mí. Mi interés era que el reaccionara a lo que le estaba diciendo.

Al día siguiente me tope con la sorpresa que había conseguido un empleo en un mercado a la mitad de la ciudad, tenía que estar muy pero muy temprano, pero salía al mediodía y era lo que le gustaba: estar en contacto con frutas, verduras, etc., aunque no le veía mucho interés porque estaba muy lejos de la casa, el había decidido ir. Se fue muy temprano en la mañana y yo me quede dormida porque faltaban un par de horas para irme a mi trabajo, lo vi un poco entusiasmado esa mañana. Al mediodía me llamo indicando que no le gustaba mucho, porque era cargar los sacos del camión hasta cada respectivo puesto, así que le parecía muy pesado para la paga. En ese momento recordé que la madrastra lo hacía cargar muchos sacos y le daba una miseria, pero bueno, no podía ponerme a pelear con él, así que le di ánimos para que terminara feliz su jornada. Ese día llegue a la casa y ya estaba dormido y el teléfono apagado. Sentí un alivio, en cuanto a la plata, pero el cuarto estaba todo desordenado. Decidí acostarme con él para aprovechar las horas de sueño y estar abrazados la noche. Al despertarme al día siguiente ya se había ido, y así fueron las siguientes dos semanas. No nos veíamos casi, no compartíamos; en mi día libre él trabajaba y viceversa. Aunque era fácil, mi jefe podía cambiarme el turno, era la única empleada que hacia turnos extras y estaba a disposición de todo, pero no lo hice, decidí quedarme tranquila y esperar a ver qué sucedía.

A las dos semanas Luis me estaba esperando en la esquina donde muchas veces le había dicho que me fuera a buscar, estaba con esos dos ojos negros viéndome con una mirada penetrante. Mi compañero, como era de costumbre, se despidió y siguió su camino. Yo estaba un poco nerviosa pero a la vez, estaba emocionada porque por fin me había ido a buscar y eso no me lo esperaba. El me vio y me abrazo luego de besarme.

- Mayller, te tengo que contar algo, antes que lleguemos a la casa.

Esas palabras me pusieron más nerviosa aun.

- Si, dime.
- He decidido dejar el trabajo.

Sus palabras retumbaron en los oídos porque semanas antes habíamos hablado del tema y él quería irse al pueblo.

- ¿Por qué? , ¿Qué sucede?
- Ya casi no nos vemos, no compartimos, nuestros horarios nos matan tanto que no tenemos tiempo para nosotros, cuando tu llegas yo estoy durmiendo, cuando yo me voy tu estas durmiendo. Siento que vamos a perder la relación tan hermosa que tenemos si seguimos así.
- No, pero es que…-me interrumpió.
- No, pero es que nada, quiero estar contigo, mira, ahora te trae un compañero del trabajo casi a casa, no me gusta que te este gustando su presencia.

Me asombraron sus palabras y le dije:

- Para nada, nunca dudes de mi amor.

Ya estábamos llegando a casa, antes de ingresar a la reja de la casa, me dijo:

- Entonces déjame conseguir otro empleo con un mejor horario para estar juntos. No quiero que Benecia se entere y te vaya a meter cucarachas en la cabeza.

Le sonreí e ingresamos. Benecia y los niños ya estaban terminando de cenar para acostarse. Ella al vernos entrar se sorprendió e intento hacer un comentario pero no lo hizo. La saludamos e intentamos hablar un rato con ella, pero no dejábamos de bostezar, así que nos fuimos a nuestro cuarto. Esa noche fue una de las noches más maravillosas que pasamos juntos, me hizo el amor salvaje. Halándome el cabello, nalgueándome, empujándome contra la pared, todo lo estaba haciendo rudo. Eso me hacía sentir como si fuera completamente de él, y se lo repetía una y otra vez, que no dudara de mí, que mi amor y yo eran solo de él. Al terminar, me abrazo y nos acostamos a dormir. Al día siguiente, me fue a buscar a la esquina sin yo comentarle nada. Nuevamente me sorprendió pero estaba feliz de verlo y sentir sus labios. Lo hizo en varias oportunidades seguidas, hasta que a las semanas consiguió un empleo en una papelería. Me dijo que el horario era normal, como el mío, salía un poco más temprano, entraba a las 8pm, así que podía buscarme y compartir más tiempo. Pero todo siempre se complicaba de alguna manera, por las noches no dejaba de sonar el teléfono y eso me irritaba. Aunque él no escondía su teléfono de mis ojos, esa respondedera de mensaje me irritaba.

Los primeros días no comentaba nada, me decía que era un grupo y estaban todos los del trabajo, pero fueron pasando los días y se convirtió en algo personal. Se la pasaba hablando con una compañera de trabajo y me molestaba su descaro, risas para allá y risas para acá y no era que me estuviese haciendo algo mal, tenía derecho a hablar con una amiga, pero lo hacía ya de manera descarada. Un día me senté a su lado a ver que tanto escribía y le preguntaba donde estaba y él le decía que en su casa, hasta allí llegaba el mensaje. No puedo explicar lo indescriptible de ese sentimiento que se apoderaba de mí, no solo quería matarlo a él sino a ella. A él porque yo era la que le había regalado el teléfono, había hecho todo lo posible para hacerlo feliz y a ella por ser la intrusa. Como ella va a pensar que un chico tan guapo estuviese soltero, obviamente tiene su pareja, entonces me molestaba su descaro. No le dije nada y me acosté a dormir. Lo deje tranquilo, no podía hacer un escándalo porque Benecia y sus hijos estaban durmiendo, me parecía una falta de respeto. Los siguientes días tampoco lo hable, considere que darle importancia era lo peor que podía hacer y además, su excusa iba a ser que dejaría el trabajo para que a mí no me molestara y era lo que menos quería. No puedo negar que sentía impotencia, sentía mucha rabia, me quemaba en pensar que me estaba faltando el respeto y de manera descarada. Eso era algo que yo no podía aceptar pero tenía que saber hacer las cosas. Todas las noches me iba a buscar al trabajo, ya no era la esquina ni los alrededores, era en el trabajo, me esperaba afuera. Había establecido una relación bonita con los compañeros de trabajo, incluyendo chicos y chicas y era algo divertido. No podía negar que cada vez que veía a Luis sentía que quería golpearlo, aunque el teléfono sonaba en ciertos momentos no respondía. Yo había decidido no mirarle el teléfono para no matarlo a golpes, porque si veía algo indebido, iba a pasar de todo.

Había recordado como lo había conocido, sus ojos negros, su gran cuerpo que me hacia delirar cada vez que me tocaba, sus labios gruesos recorriendo mi cuerpo, era algo que yo quería y disfrutaba muchísimo, no lo quería perder pero tampoco sabía qué hacer. Si le contaba a Benecia pondría en cristal mi relación y la posibilidad de opinar en mi vida y sabia cual era su respuesta, cosa que no quería escuchar, así que me tranquilice esa noche en el cuarto, donde no paraba de llorar en el baño y decidí dejar pasar el tiempo. Ya no hacíamos el amor con tanta frecuencia, me empezaba a sentir un poco fea y no era lo que yo quería sentir.

Al ver la hora ya era tarde, así que termine de bañarme y salí al cuarto. Luis estaba acostado esperándome. Me dijo:
- May, ¿qué te pasa?

Me sorprendió mucho verlo y mirándome fijamente, pero debía ser fuerte, la vida no era para débiles, así que le dije:

- Estoy bien.

Termine de arreglarme el cabello para acostarme y se levanto. Su cuerpo era mucho más alto y fornido que el mío, se le notaba que había aumentado un poco de peso pero se le veía muy bien ese aumento. Me agarro las manos y me hizo verlo a los ojos, mi cara quedaba un poco levantada.

- May, no estés triste ni nada, todos los procesos pasan y ya depende de ti quedarte atrapados en ellos o avanzar.

No sé exactamente a qué se refería, si me estaba montando cachos o era una prueba que él me estaba haciendo, en fin, había decidido pasar la página por mi salud mental y dejar ver que sucedía luego. No le comente nada, pero él se me acerco. Sentía su calor evaporando de su cuerpo y llegando a mí, esa energía potente que me volvía loca en tan solo un segundo y al tocarme la cara para que lo viera, no podía aguantar las lagrimas, capaz esa boca ya había besado a otra mujer, no dejaba de pensar en eso, pero él me siguió viendo y me abrazo fuertemente.

Sentí que el mundo se me derrumbaba, deje de escuchar los ruidos de los insectos por la noche, los ronquidos de Benecia, deje de escuchar todo en ese cuarto y me concentre a sentir lo que sabía que mas nunca sentiría por otro hombre. Me hizo el amor de una manera muy bonita, muy sensual, no dejaba de rozar mi cuerpo, como queriendo sentirlo. Me beso los labios una y otra vez y me dijo al oído lo mucho que me amaba. Aunque en ese momento intente creer todo lo que me decía, sabía que podía haber sido infiel y eso me erizaba la piel. Nos dormimos después de tomar todo el sudor que nuestros cuerpos podían producir y nos dormimos abrazos, siendo una sola persona.

Al día siguiente comenzaba la rutina otra vez, nos levantamos y cada quien se fue al trabajo. En la noche no paso a buscarme al trabajo, cosa que me sorprendió, pero no lo llame ni nada, estaba cansada de hacerlo y que él me desviara la llamada o no me atendiera. Nadie me pudo acompañar a la esquina, porque mi compañero de trabajo estaba ese día de descanso, así que me fui sola, aproveche de pensar un poco las cosas y dejar fluir los malos pensamientos. Mientras caminaba a casa me puse a reflexionar sobre cuál era mi norte inicial y era buscar a mi madre en la ciudad, era comenzar a estudiar y Luis me había tenido ocupada pensando en su actitud ante la vida, ante las cosas. Quería que le cayera el dinero encima y no sudárselo y no me había concentrado en lo que realmente era importante. Me prometí a mi misma concentrarme y no mas tuviese dinero suficiente comenzar a buscarla para pedirle una explicación.

Cuando llegue a casa Luis estaba en el cuarto, Benecia estaba ocupada haciendo las tareas de los niños, los salude y entre al cuarto. Me dijo:

- Renuncie al trabajo.

La noticia me cayó como un balde de agua fría, no sé en que estaba pensando, faltaban pocos días para pagar el arriendo a Benecia, había que comprar comida y pagar servicios, aparte que debíamos comprar algo de ropa o zapatos y el estaba pensando en renunciar.

- ¿Ya lo hiciste o lo estas pensando?
- Lo hice hoy pero no quise ir a buscarte para no angustiarte. Quería que lo habláramos pero te vi muy perturbada anoche y quería decirte que no te preocupes que me van a pagar los días que trabaje.

Cuando estaba pensando en explotar y decirle que estaba haciendo las cosas mal, Benecia nos llamo a la puerta.

- Chicos pueden venir, necesito hablar con ustedes.

Solo pensé que esperaba que no fuera otra mala noticia, aparte de la que me había dado Luis. Al salir de la habitación, estaba Benecia y los niños se habían ido al cuarto. Benecia se sentó en la mesa y nos hizo señas para que nos sentáramos también.

- Chicos, he estado pensando que ya que los dos tienen trabajo y les va bien, entonces me gustaría irme a vivir solo con los chicos. Ellos están grandes y quieren tener su cuarto propio. He estado trabajando y estoy buscando otro trabajo donde siga trabajando desde casa pero que paguen mejor, el mayor ya le falta poco para culminar la colegiatura y que se ponga a trabajar. Y he estado buscando una casa que tenga dos cuartos y ellos estén más cómodos. No sé qué piensan ustedes.

En ese momento no le podía decir lo que estaba pasando, Luis tenía que darse cuenta que no mas se fuera Benecia y sus hijos, o nos íbamos a una casa más pequeña o debíamos ver la manera de pagar esa casa y yo sola no iba a poder, en ese momento sentía un estrés inmenso, porque se me venía muchas cosas encima y no sabía si podía manejarlas. Al fin y al cabo, respire y sentí que Luis debía ayudarme si o si. Le dije:

- Si bueno Benecia, entiendo lo de tus hijos y sé que en otra casa estarán más cómodos o si se quedan en esta casa.

Benecia abrió los ojos como esperando que yo le dijera eso, que nosotros nos íbamos y ella se quedara con esa casa, lo cual era lo ideal.

- Bueno, para nosotros seria cómodo, los colegios quedan cerca, seria mágico que nos quedáramos en esta casa. No sé si ustedes están de acuerdo.

Yo sentí que me estaba corriendo de una manera muy sutil, pero tenía razón en muchas cosas y se lo respetaba.

- Déjame ver que podemos hacer en estos días, ¿sí?

Sentí que Benecia pudo respirar. Asintió con la cabeza y se despidió.

Al entrar al cuarto y sentarme en la cama, sentí que había comenzado a colapsar. Me imagine la cuota del arriendo, los servicios, mudarme lejos del trabajo implicaba pagar transporte, a parte, ahorrar y aparte Luis no estaba trabajando. Luis al verme sentada en la cama colapsando empezó a hablarme fuerte, que no empezara con lo mismo, que él iba a buscar trabajo, que le iban a pagar esos días. Palabras más, palabras menos, no lo escuchaba, estaba colapsando con todo y el no era parte de la solución. Cuando intento agarrarme para calmarme, le hice una seña que me dejara en paz que yo debía resolver. El se aparto y se acostó molesto. Empecé a pensar que iba hacer en los próximos días, donde debía buscar un alquiler, las horas extras, en fin en todo. Me termine acostando con lagrimas en los ojos, no entendía porque Luis no le tomaba importancia a lo que estaba sucediendo, ya había tenido varios trabajos y no había logrado quedarse y eso cada día me estresaba, aparte que el acostado durmiendo como si nada. Sabía que ya estaba pensando en regresar, pero igual, era algo que yo no contemplaba.

Así paso una semana, el plazo que le había dicho a Benecia para buscar y había encontrado unos lugares donde vivir con Luis pero era algo que no podía pagar en ese momento. Benecia había entendido y no me apresuraba a hacerlo, pero ella sabía que yo estaba en ese proceso. En todos esos días había peleado todos los días con Luis porque lo veía acostado viendo el teléfono, con una actitud como si no pasara nada o no quisiera hacer algo para que pasara. No me había buscado en la esquina de la casa, ni al trabajo, ni me llamaba ni mucho menos estaba pendiente de mí. No hacíamos el amor, no me miraba, solo estaba dándome estrés y mas estrés.

- Luis debemos hablar.

El volteo la cara como si no quisiera arreglar las cosas.

- No empieces con el fastidio.

Me ofendió tanto cuando me dijo eso, sentir que ya era una molestia hasta para tratar de acomodar las cosas.

- No es un fastidio, es que debemos mudarnos de acá y los días que trabajaste no nos alcanzaron para nada. Debes buscar un trabajo.
- ¿O qué?

Sentí que él quería que yo le dijera algo, lo retara o no sé qué, sentí justo en ese momento que al no le importaba nada, que era un fastidio que le molestaba que le insistiera en que consiguiera trabajo, que tuviésemos un futuro juntos. Desde que había comprado ese teléfono era otra persona o siempre lo había sido, pero sentía algo tan extraño en esa habitación.

\- O nada, solo necesito que consigas trabajo para volver a estar más tranquilos y tener como pagar la habitación donde nos mudaremos.

\- Pero es que yo no me quiero mudar.

\- ¿Cómo?

\- No, no me quiero mudar y si ella quiere que nos vayamos, no lo hare, que ella se vaya con sus hijos.

\- Pero Luis…

\- Luis nada May, ella es la que quiere mudarse, nosotros estamos cómodos aquí.

\- Pero si ella se va, como vamos a pagar una renta tan alta, no alcanza.

\- Claro que alcanza, nosotros podemos pagar este alquiler.

\- ¿Qué haremos con dos cuartos?

\- ¿Y eso que importa?

\- Claro que importa, podríamos conseguir un apartamento más pequeño, para estar tú y yo, que sea de una sola habitación y mucho más económico.

\- Pero si yo quiero quedarme en este que tiene dos habitaciones.

\- Luis, entra en razón- Alce la voz porque ya estaba comenzando a colapsar mi mente.

El se quedo callado y se dio la vuelta con el teléfono. Siempre terminábamos peleando y nada que el decidía buscar empleo. Así pasaron dos semanas mas y Benecia ya había recogido sus cosas porque había conseguido una casa más grande que la que teníamos y mucho más económica, solo que quedaba un poco más lejos de donde estábamos. El despedirme de ella, esa señora que me había dado la mano cuando más la necesitaba, pero era difícil convencer a Luis de mudarse y yo sola no iba a poder. Esa casa era grande, dos habitaciones pero era económica, con mi sueldo podía mantenerla. Al salir de la casa, la despedí a ella y a sus hijos, les prometí irlos a visitar no mas tuviese tiempo por el trabajo, hacia en ese momento horas extras y estaba completamente ocupada, aunque sabia la dirección. Luis no salió de la habitación, yo entendía que él estaba todo el día en casa, pero el realmente nunca salía de la habitación porque él me decía que no quería molestar a nadie. Muchas veces prefería pasar hambre a salir y compartir con ellos. No sé si eran las miradas que le lanzaba Benecia pero yo trataba de hacer oídos sordos en toda opinión que otra persona hiciera, de por si en el trabajo trataba de no hablar de mi relación con Luis porque daba pies a que otras personas intervinieran y me dijeran cosas sobre el amor de Luis y todo eso. Yo sabía quién era el, sabía que era una persona muy trabajadora y activa, capaz no se sentía cómodo en esos trabajos donde estaba. El estaba acostumbrado a trabajar en el campo, recoger frutos, venderlos. Ese era su fuerte, estar en otro ambiente, capaz no se había adaptado todavía y era algo comprensible. No todos somos capaces de adaptarnos tan rápido a un nuevo ambiente. Y eso me lo repetía una y otra vez para poder entenderlo.

Llegué del trabajo y aun con Benecia fuera de casa, Luis no me hablaba. Intenté decirle varias cosas pero es que era como si no quisiera escucharme. Me obviaba y eso me dolía mucho. Por las noches intentaba abrazarlo y me quitaba el brazo, no sé si era inconsciente pero igual no dejaba de doler. Lloraba por su ausencia, por no sentirlo, estaba pensando que lo estaba perdiendo y ya no sabía qué hacer. Sé que era la presión que yo le ejercía para que consiguiera trabajo pero es que lo necesitaba y ya no hallaba la manera que él lo entendiera. Esa noche decidí yo también darle la espalda y un poco de espacio. Así paso un mes, cada quien en lo suyo, ya él no tenía dinero ni quería conseguir trabajo, pero entonces estaba todo el día en casa y gastaba de la comida que yo compraba y no limpiaba, ni ayudaba en lo absoluto en la casa. Tenía que llegar del trabajo y ponerme a limpiar, con ese cansancio que yo siempre tenía, pero entonces sino la casa se caía en pedazos. No era capaz ni de recoger la basura del cuarto, del baño o de la cocina y botarlo al contenedor y eso ya me estaba cansando. Esa noche llegue y no aguante la presión y lo llame para decirle, el se hizo el dormido, pero lo levante y le dije todo lo que me molestaba, su capacidad para ignorarme y eso me estaba doliendo. Solo dijo que él estaba pensando volver al pueblo, que no era feliz porque yo solo sabía exigirle y no veía lo que él hacía por mí.

Por un momento dude de mis acciones, pero es que lo estaba haciendo bien, el debía trabajar y colaborar. El me decía que él no era mi sirvienta, de que solo el hecho de no haber conseguido empleo no me daba derechos de mandarlo a limpiar o arreglar la casa. Yo le hacía entender que éramos un equipo, tenía que ayudarme y eso le molestaba más. Hasta que se fue al cuarto y cerró la puerta. Al cabo de unos segundos salió, yo pensé que había recapacitado, pero no, salió para meterse en la otra habitación. No aguante y me fui en lagrimas, no podía creer que no pudiese entrar en razón, solo pensaba en el. Así pasó un mes. Ya no aguantaba, entre al cuarto decidida y tenía el teléfono en la mano:

- Luis, necesito hablar contigo.
- Dime Mayller.
- Yo no sé qué te pasa conmigo, dime como podemos solucionarlo, habla conmigo.

Luis tenía ya un mes que no dormía conmigo, que ya no compartíamos, yo lloraba cada noche su ausencia, me sentía sin motivos de trabajar y eso estaba afectando mis actividades laborales, ya no quería ni levantarme. Solo quería que él me dijera que todo iba a salir bien, que estábamos juntos en todo. Ya había pagado y no me quedaba dinero ni para comer. El estar todo el día en casa aumentaba

171

los servicios, además que no ayudaba con las actividades de la casa y eso me tenía obstinada.

- No quiero solucionar nada contigo, estoy cansado de tu presión con respecto al trabajo, se me ha hecho muy difícil conseguir y eso tú no lo entiendes.
- Si lo entiendo, pero vente para el cuarto y vamos a resolverlo juntos.
- Pero es que mañana empiezas otra vez con el fastidio.
- No, no te diré nada.

El apago el teléfono y se fue al cuarto. Esa noche no hicimos nada pero nos abrazamos y dormimos esa noche: todo tranquilo, nos abrazamos, en paz. Así pasaron las siguientes dos semanas. Yo pensé que las cosas iban a mejorar, pero cada día se aislaba mas, aunque estuviésemos durmiendo juntos, hablando, haciendo el amor. No tenía intenciones de buscar trabajo, ni ayudar en la casa ni de buscarme. Le daba igual cualquier cosa y aunque en varias oportunidades le pedía unas explicaciones me volteaba los ojos como queriendo decirme: "déjame en paz". Llegue un momento que decidí darle atenciones, me endeudaba en el trabajo llevando detalles a la casa, siempre pensé que él estaba en un hueco y debía ayudarlo a salir y la solución no era pelearle. En varias ocasiones había decidido no pagarle la renta del teléfono, pero solo verle la cara en la casa, se la pagaba.

Hubo un día que estaba que lloraba en el trabajo y quería contárselo a alguien, pensé en el compañero de trabajo que muchas veces me acompañaba hasta la esquina de la casa pero no sé, no me daba esa confianza para que me diera un consejo. Muchas veces pensé en hablar con Benecia pero sabía que me iba a decir y eso era, justo, lo que no quería escuchar. Decidí un día que llegue con un detalle y lo puso a un lado para seguir hablando por teléfono. Esa noche llore en el baño.

Al día siguiente lo tenía libre, le dije que saldríamos por la zona a distraernos, el pensó que era para buscarle trabajo y de una vez salto alterado a decirme que no iba a buscar trabajo todavía. Yo le decía que no, que era para que saliera de esas 4 paredes que lo estaba volviendo loco. Ese día, después de levantarnos en la tarde, salimos a caminar. El había decidido dejar el teléfono, igual mientras caminábamos le había comentado que debía dejar de usar el teléfono y sentía que me faltaba el respeto con la mensajería y la reidera con alguien. Me dijo que me quedara quieta, que él no me estaba montando los cuernos, que pensara, con quien iba a salir si no tenía ni un centavo y era cierto, yo era la que manejaba el dinero y era la que compraba las cosas, así que por esa parte estaba tranquila. Caminamos, nos comimos un helado y terminamos abrazados en una plaza. Me sentía distinta, diferente, sobre todo los sentimiento por él, no sentía esa pasión de meses atrás, sentía que las cosas habían cambiado demasiado y yo ya no sentía lo mismo por él. Me había imaginado un hombre trabajador, con ganas de salir adelante, de tener dinero, tener ambiciones y visionario. Luis no, se había quedado en la vida que tenía en el pueblo y eso me estresaba.

Cuando llegamos a la casa, comencé a hacer un poco de orden, la casa estaba patas para arriba, el no movía ni una escoba, así que debía resolver el desorden y la cochinada que había en la cocina. Cuando entre al cuarto, Luis seguía en el baño y el teléfono estaba en la cama. Yo no era de ese tipo de mujeres pero ya le había escuchado el teléfono en varias oportunidades, cuando revise, fue mi mayor sorpresa. No sé cómo había conseguido hablar con Patricia.

Es como si se me hubiese roto el corazón, sentí una presión muy fuerte en el corazón, sentí como el estomago se me ponía chiquito. Sentí que se me iban los tiempos, no supe cómo reaccionar. Como el podría estar haciéndome esto, como si me había jurado amor, se había ido conmigo para comenzar de nuevo estaba otra vez con esa mujer. El nunca había querido decirme lo que había pasado con ella y yo no estaba preparada para escuchar nada, había preferido optar porque ella nunca había existido y el hecho de hablar de ella era una manera de recordar y reprimir algunos recuerdos o sentimientos. Yo nunca había sabido nada de ella, todo eran suposiciones y por algo él no había hablado de ella cuando nos conocimos y menos cuando nos fuimos a vivir juntos. Cuando el salió del baño, quería golpearle la cabeza contra el espejo, matarlo a golpe, ver su sangre en mis manos, pero llego abrazarme y a decirme que todo iba a salir bien. No sabía que era más falso, si el mensaje que decía Patricia o su abrazo y beso.

Espere un rato para preguntarle con quien hablaba porque sino sospecharía, pero el solo me abrazaba y era como si hubiese otro hombre al que minutos antes se había metido al baño y había salido conmigo, o había entendido eso pero era eso lo que había pasado.

Esa noche había decidido no hablar del tema, quería saber hasta dónde llegaba el con su engaño. Todo el día pensaba en los mensajes que se mandaban día tras día, las sonrisas que ella provocaba en el, las llamadas, que se yo, todo. Y me enfurecía, quería y deseaba sacarle los ojos a ella, a él. No sé, me daba tanta furia por dentro que me salía de mis casillas y se me subía la tensión. Cuando llegaba a casa y lo veía con el teléfono en la mano, el me miraba y sé que en el fondo él sabía que yo sabía o al menos que sospechaba algo, que el dejaba el teléfono a un lado o lo apagaba o lo colocaba en silencio para no escuchar el sonido de los mensajes entrantes. Con el paso de los días el cambio completamente su actitud, trataba de ser un poco cariñoso, la cara con una sonrisa en el rostro. Había dejado de sentir ese deseo por su cuerpo, el verlo a los ojos, sabía que él estaba pensando en ella y cada día que pasaba más rabia le agarraba a ella y mas a él, por mentirme y aprovecharse de mí. Teníamos viviendo más de 5 meses y era siempre lo mismo, había dejado de insistir en que trabajara, había dejado de insistir que ayudara. Es más, había dejado de insistir que me tocara, ya no había reclamos, el estaba tranquilo, yo estaba tranquila. Esperaba la estocada final y yo sabía que en algún momento iba a suceder.

Esa mañana, como cualquier otra me levante, le di un besito en la frente y me vestí para irme. Su teléfono estaba debajo de él, pero yo había decidido no leer nada, eso me hacía mucho daño, lo que iba hacer iba a hacer, por mi parte, había dejado de reclamar y de insistir en que hiciera algo que él no quisiera. Y salí de la casa, estaba un día muy soleado, se notaba el calor en las mejillas., esa zona muy sola y tranquila, siempre se escuchaba los sonidos de los pajaritos. Llegue al trabajo como siempre, reunión, regaños para aquí y para acá y comenzar a servirle a los comensales la comida que había hecho los cocineros, siempre era el mismo desayuno y bien hecho y por eso esa panadería era muy reconocida y muy concurrida, Ese día iba hacer horas extras, pero había decidido que si quería que las cosas funcionaran, debía disminuir las horas que estaba fuera de casa, pasaba todo el día fuera de casa, llegaba a las 10 de la noche o más tarde y siempre lo encontraba dormido o en algunas oportunidades usando el teléfono.

Ese día llegue a casa, cuando estaba abriendo la puerta vi todo oscuro, Luis siempre me dejaba una luz encendida, por lo que no sé, pero sentí mucho miedo, como si algo hubiese pasado. Entre con precaución y encendí la luz de la sala, todo estaba en orden. Mi corazón estaba muy acelerado, no era el patrón que se manejaba noche tras noche. Al cerrar la puerta y estar parada en la sala, sentí una nostalgia, un dolor fuerte en el pecho, me sentí sola. Aunque había disimulado, con Luis me sentía sola solo que me agarraba su brazo y trataba de absorber esa magia que nada grave pasaba.

La puerta del cuarto estaba cerrada y la luz apagada, entre a prender la luz y no estaba Luis acostado en la cama, había algo de su ropa montada encima de la cama. Entre al baño y tampoco estaba, no estaba su teléfono. Salí apresuradamente y entre al otro cuarto, pensando que se había acostado allá y tampoco había rastro de él. Me quede parada en medio de la habitación en shock, no sabía que pensar, no sabía qué hacer, no sabía que sentir. Se había ido, se había ido, era lo que me repetía una y otra vez y no sabía a qué hora se había ido.

Solo decidí sentarme a esperar que iba hacer, debía seguirlo a dondequiera que se hubiese ido, debía llamarlo o debía esperar. Saque el teléfono del bolso y lo revise a ver si tenía alguna llamada, algún mensaje pero no, estaba vacío como estaban mis pensamientos en ese momento, sentía un vacio en el corazón como si lo había perdido, ya no estaba, empecé a llorar su ausencia. Nuevamente estaba sola, completamente sola. Llegue a sentir lo mismo cuando mi papa me cambio, llego a dolerme y mucho pero muy dentro de mi sabia que lo había hecho bien, que había intentado que estuviese bien, no entendía que había hecho para que él se fuera. Entre al cuarto y me acosté, me sentía muy sola así que llore y llore mucho. Ya tarde, me quede dormida llorando. Mi mente estaba tan cansada, mis músculos y mis huesos no daban para más, había estado haciendo horas extras para que el dinero nos alcanzara y poder cubrir todas las obligaciones que teníamos y que él, desde un principio había dejado de hacer. Al despertarme, me dolía mucho las mejillas y los ojos, los tenía muy hinchados, me dolía la cabeza a morir, era hora de levantarme e irme rápidamente al trabajo. Me senté en la cama pero no sabía qué hacer, volví a revisar el teléfono y no tenía ni mensajes ni llamadas, así que había decidido dejar eso así mientras. Me levante y me fui al trabajo.

Salí de mi casa con ese vacío tan grande en mi corazón, otra vez estaba sola y sin un propósito de vida. Benecia estaba lejos y aunque tuviese ganas de acercarme a ella, debía esperar mi tiempo de descanso, por ende me enfoque en el trabajo. Realmente no sabía que estaba pensando, que iba hacer, no sé si sentía rabia, tristeza, no sé. Me fui al trabajo y todo el día no me sacaba a Luis de la cabeza. El día estaba hermoso, muy concurrido de clientes, muchas cosas por hacer, muchas tareas. Termine mi horario laboral y me fui a la casa. Mi compañero intento acompañarme, pero en serio, quería estar sola, sentía la necesidad de ver que era lo que iba hacer. Le comente que esta vez quería irme sola, igual no tenía nada de dinero encima. Al entrar a la puerta, no sé porque sentí esa sensación que él estaba pero en el otro cuarto, así que salí corriendo a ver y no estaba, aunque sentía como esa sensación de que estábamos peleados y que de algún momento a otro estaría besándome, abrazándome. Me acosté a llorarlo nuevamente, pensando en lo que él estaba pensando. Agarre el teléfono y decidí llamarlo para solicitarle una explicación y su teléfono estaba apagado.

Nada, pensé que era la hora, era muy tarde y él se acostaba temprano, así que me acosté a dormir y decidí que en la mañana lo llamaría. Al levantarme, mi primer pensamiento era el de él, así que lo volví a llamar y tenía el teléfono apagado, al ver la hora, sabía que estaba durmiendo, el siempre se levantaba en la tarde, así que me fui al trabajo. Cuando llegue al trabajo, me ocupe y como no dejan usar el teléfono, espere a la hora de descanso y tampoco me contesto, así que me preocupe y al salir del trabajo lo llame de otro número y estaba apagado el teléfono. Eso me puso peor, llegue llorando y con el corazón roto. Una noche con muchas estrellas, serena, llena de gente en las calles corriendo a sus casas porque mañana tocaba otro día de trabajo.

Y así pasaron mis días hasta que llego mi día de descanso y me acerque a la casa de Benecia a ver si conocía el numero de Tito, deseaba hablar con él a ver si había visto en el pueblo a Luis. Luis no debía estar muy lejos, con que se fue al pueblo o a otro lugar si no tenía nada de dinero, yo había revisado el cuarto y no tenia robo de ningún tipo. Quería saber que estaba sucediendo. Cuando llegue a la casa de Benecia, ella estaba cociendo en su sala, me abrió y me abrazo. Me vine en llanto y sin sermonear porque sabía lo que iba a decir: "que él no era buen chico porque no me ayudaba, no me buscaba de noche, no me ayudaba a pagar las cuentas, no duraba en los trabajos, no hacia oficios". Yo todo eso lo sabía y lo entendía pero él estaba en depresión y yo lo estaba ayudando a superarla. Al observar el entorno, me dio alegría, Benecia sentada cociendo y haciendo lo que ella le gustaba. Me encantaba verla feliz, sonriendo, llena de energía, sus hijos no estaban. No me dijo nada de vivir juntas pero sí que me mudara de donde estaba porque era una casa muy grande y costosa para mí.

Al final estuve un par de horas y me fui a mi casa. No sabía qué hacer, estaba enojada, pero también sentía que me había quitado un peso de encima pero también me sentía triste, como se había ido y me había dejado sola, como me iba hacer eso. Era como un sentimiento contradictorio. Llegue a la casa y tenía un dolor de cabeza muy fuerte así que me acosté a dormir, sentía que la cabeza se me iba a explotar. Cada mañana era otro día mas en ese rollo interno sin saber qué hacer, a donde ir, a donde ubicarlo. Me levante e inmediatamente llame a Tito y le conté lo que estaba pasando, a ver si él había visto a Luis en el mercado o cerca y Tito con una voz de preocupación me dijo que no lo había visto, aunque estaba al tanto de la situación porque Benecia le había contado.

- May, sigue tu camino. Luis en vez de ser un avance, más bien fue una carga para ti.

Yo me moleste, eso no era lo que quería escuchar, yo lo amaba y quería luchar por él. Sabía que mi vida no tenía sentido si él se iba, no era lo mismo, mis días eran totalmente aburrido. Capaz nos falto algo que lo empujara a seguir adelante y debía buscar la fórmula para lograr que eso sucediera. Me fui al trabajo pero pensaba mucho, me distraía trabajando, en las horas libres lo llamaba y el teléfono seguía apagado. Ya no veía la hora en salir e irme a la casa a pensar, no tenia apetito y aunque no lloraba, estaba pensando cómo recuperarlo y saber donde estaba. Pasaron unas semanas, trabajaba como un robot pero mi vida no tenía sentido. Al llegar a la casa, vi mi reflejo en un carro que estaba estacionado a pocas casas de la mía y no podía creerlo, había bajado tanto de peso y no me había fijado, estaría pesando unos 40kg mas o menos, ni cuando me había separado de mi padre había bajado tanto de peso y eso que había pasado mucha hambre y solo comía frutas, ni el tiempo que viví en las calles, esperando la quincena para buscar techo. Estaba en el hueso, parecía una calavera andante. No lo podía creer, había durado muchas horas pensando que no me había alimentado bien. Llegue a la casa y tenía ya un mes que no usaba la cocina, todo estaba como lo había dejado Luis ese día que se fue. Al acostarme olía las almohadas, las sabanas, la cama donde muchas veces me hizo la mujer más feliz del mundo. Terminaba quedándome dormida del cansancio. Aunque dormía de a 4 horas diarias, para mí era suficiente.

CAPITULO X

Un día me levante y ya lo había decidido, antes de pagar otro mes de arriendo, me iría a buscarlo al pueblo y hablar con él. Espere la quincena de ese mes y empecé a recoger mis cosas que tampoco eran muchas. Ese día era diferente, tenía un motivo de vida, sentía que volvía a renacer, sentía que volvía hacer yo. Había estado un mes perdida, sin ánimos de comer, de bañarme, de trabajar. Si lograba verlo sería una luz en mi vida, quería nuevamente sentirlo, probar sus labios, que me dijera lo que estaba pasando y que podíamos volver a estar juntos. Quería tantas cosas, no importa si quería que estuviese en el pueblo o donde él quisiera, pero que fuéramos felices. Salí con mis dos maletas y mi bolso de la casa, habían quedado un poco de cosas, sobretodo ropa, pero bueno, la dueña de la casa que lo regalara, vendiera, lo que ella quisiera, no creo que hubiese querido volver a vivir sola en esa casa tan grande que un día estaba llena de gente genial y trabajadora. Ese día estaba como los demás, secos y con mucho sol, había hecho tanto calor que al salir se sentía el vapor del piso. Salí como apurada, como si el tiempo fuera mínimo el de llegar al pueblo, estaba ansiosa de verlo, estaba ansiosa por lo que iba a pasar, estaba ansiosa por hacer las cosas de otra manera. Camine calles abajo para agarrar un bus que me llevara al terminal y poder irme al pueblo, debía caminar bastante porque siempre había mucha gente y me costaría montarme en el bus con las maletas. Me detuve en una parada a esperar el bus, pero se tardaba. Eran aproximadamente las 10 de la mañana y no quería esperar tanto, no sé, sentía que si esperaba un minuto más, pasaría algo en el pueblo con Luis, entonces no mas vi un taxi le saque la mano y le dije que me llevara lo más rápido al terminal. El señor viéndome fijamente, me ayudo a montar las maletas. Se me quedaba viendo como si algo pasara, obvio, tenía tiempo que ya no me daban ganas ni de maquillarme. Al verme en el retrovisor, si, estaba un poco delgada, bueno bastante delgada, se me veían los huesos de los brazos, manos y cuello, tenía unas ojeras inmensas porque no podía dormir bien, pensando en él y en lo que iba a decirle, para donde debíamos irnos una vez llegara al pueblo.

No había tenido tiempo de peinarme por lo que me había agarrado un moño rápidamente y el viento y el calor me pegaba el cabello en la frente y en la cara, pero sé que todo eso sería transitorio, era un momento por lo que estaba pasando. No puedo negarlo, el señor fue lo más rápido que pudo, las calles de la ciudad eran muy concurridas y colapsadas, así que siempre había mucho tráfico. Llegamos en una hora al terminal y el último autobús de la mañana había salido así que debía esperar al autobús de las 2pm. Me senté en una de las sillas después de comprar el boleto. Tenía esa sensación extraña en mi cuerpo, como queriendo decirme algo. Supuse que era hambre, tenía más de un día sin comer, con tanto ajetreo no había tenido tiempo de nada. Me puse almorzar, lo hice poco para que no me cayera mal y pesada la comida.

Empezaron abordar el autobús, para irnos a las 2pm y estaba entre feliz, triste y a la vez molesta. En esa ciudad había conseguido vivir momentos intensos e inigualables, había conocido personas en el trabajo muy buenas, había vivido momentos increíbles con Luis, con el que era el amor de mi vida. Estaba triste porque debía volver a esa pueblo, donde había sufrido mucho, había llorado, donde mi objetivo principal desde que me fui de casa había sido buscar a mi mamá y en el intento lo había dejado de hacer, había establecido otras prioridades en mi vida y estaba feliz y molesta porque Luis no se había conformado con lo que teníamos, se le notaba la ausencia de felicidad desde hacía unos meses y aunque yo intentaba disimular, me ponía triste verlo triste. El hecho de verlo acostado sin ganas de hacer nada, me molestaba mucho pero era muy arisco al hablar del tema. Dentro del autobús esperamos aproximadamente 30minutos que para mí fue una eternidad, no esperaba la hora en que pudiese percibir el olor a monte que tanto odiaba. Igual no estábamos muy lejos, a 17 horas, pero era un camino que debía recorrer. En ese preciso momento quería, deseaba dormir un poco para descansar, pero mi mente estaba muy activa y no dejaba de pensar que hacer, a donde ir, que decir.

Amaneció y comencé a ver los caminos de tierra me dije a mi misma: "llegaste". Al bajarme me fui caminando a la cafetería de Tito, pero no lo vi, no quería ingresar y encontrarme a Desiree, entonces me fui directo a su casa que no quedaba lejos de la cafetería. Al llegar, Tito se sorprendió:

- ¿Qué estás haciendo aquí?
- Pensé que Benecia te había contado.
- No, no lo hizo.
- Me vine hablar con Luis, el debe estar en el pueblo porque sé que no conoce ningún otro lugar, vengo a que me dé una explicación y ver si va a volver conmigo.
- May deja eso así, como te dije por teléfono, estás perdiendo tu tiempo, sigue tu vida.

Me molesto mucho eso que me estaba diciendo, eso no era problema de él, era mi problema.

- ¿Me puedes guardar las maletas acá en tu casa?
- ¿Segura de lo que estás haciendo?
- Por supuesto, voy a buscarlo a su casa.

Deje las maletas y me fui al mercado caminando. Todo el pueblo con mucho calor, el sol quemaba mi piel, debo reconocer que para nada extrañaba el pueblo, tampoco es que me había acostumbrado a la ciudad, pero era más tranquilo todo. Volví a llamarlo al teléfono pero seguía apagado así que apresure el paso, sentía que mientras más rápido caminaba, mas rápido iba a solucionar el inconveniente. Quería decirle que volviéramos a comenzar de cero, que capaz lo había presionado mucho por lo del trabajo, pero lo necesitaba en mi vida, sin su presencia mi vida no tenía mucho sentido. Al llegar al mercado, todo el mundo gritando, sucio, caminando por todos lados, no vi a Luis pero si a Yillmir. Teníamos tiempo sin vernos, pero de inmediato me reconoció.

- Hola Mayller, ¿como estas? ¿qué estás haciendo aquí?

Le vi una cara de asustado, sus pómulos quemados, lo vi más alto, más hermoso, el hermano menor de Luis y de quien nunca hablaba nada ni mencionaba sobre él. Bueno, Luis nunca hablaba de la familia, era muy cerrado con todo. Estaba muy pálido parado viéndome con los ojos dilatados.

- Calma, vengo a buscar a Luis, quisiera hablar con él.

Yillmir me siguió viendo como extraño, como si no entendiera lo que estaba sucediendo.

- El está en casa.

Al ver el puesto, estaba equipado, tenía todo tipo de frutas, verduras, hortalizas. Me sorprendió, pero más allá de eso, me alegre.

- Veo que tienes de todo en el puesto.
- Si, Patricia nos volvió a dejar cosechar y sembrar en sus fincas y estamos aprovechando.

Escuchar su nombre me movió el estomago, el corazón, yo diría que todos los órganos internos y es como si me maldijeran en ese momento. No le comente nada sino que me retire rápidamente para llegar a su casa. Pero sentí la necesidad de saber si estaba haciendo las cosas bien, si debía ir para allá. Al retirarme del puesto de Yillmir e ir a la parada del bus, sentí muchas ganas de llorar, sentía mucha rabia, me sentí muy débil y solo recuerdo que me agarre del asiento de la parada y se puso todo negro. Al cabo de un rato estaba en una silla de un hospital esperando el diagnostico del médico y Tito viéndome fijamente:

- ¿Te encuentras bien?
- No sé qué sucedió.
- Te desmayaste en la parada del autobús y duraste inconsciente unas horas.

El médico llamo a Tito y le dijo algo, pero él no me comento nada, me dijo que nos fuéramos a casa. Me sentía mareada, aunque tenía un asunto pendiente, no debía irme a ningún lado, debía descansar y así lo hice. Me fui a dormir para la casa de Tito. En la mañana, Tito me despertó pero tenía un fuerte dolor de cabeza, me había pegado con el filo de la acera en la cabeza, pero no tenia hematoma de ningún tipo. Supongo que el viaje, la mala alimentación, las pocas horas de sueño, etc., estaba haciendo de las suyas. No había comido nada en la tarde y estaba débil y muy baja de peso. Tito intento en varias ocasiones para que me fuera con él a la cafetería a comer, pero yo no tenía ganas. Entonces me dijo que lo esperara en la casa que el volvía por la tarde y se marcho después de darme un beso en la frente.

Yo me quede acostada un rato mas pero no sabía qué hacer, en pensar en Patricia cerca de Luis me enfurecía de tal manera que me hacia decir en voz alta todo lo que les iba a decir si los veía juntos, todo lo que le haría, era capaz de todo, porque eso se llamaba traición. Mis manos temblaban de la furia, mis orejas se reventaban del calor, tenía mucha euforia y estaba cansada de lo mismo, que me engañara nuevamente y no lo iba a permitir. Yo sentía que Patricia las tenias como amenazadas, les prestaba sus fincas si ella estaba con Luis, más eran suposiciones mías, en realidad desconocía como llevaban el negocio ellos.

De la rabia que envolvía mi mente agarre y me fui a la parada del autobús y espere pacientemente. En la mente repetía una y otra vez lo que le iba a decir. Al voltear estaba Tito que al verme, se vino corriendo agarrarme y empezó a pedirme explicaciones, yo le decía que no me detuviera, que iba para la casa de Luis hablar con él y que me diera explicaciones y empecé a gritarle a él todo lo que le iba a decir a Luis cuando lo viera. Tito solo me intentaba calmar pero estaba cansada de callar, sentía que no me merecía un engaño más después de todo lo que había hecho por él. Así que no mas llego el autobús me monte en él y me dio pesar verle la cara a Tito de preocupación, pero no me importaba, yo necesitaba hablar con él para que volviéramos a la casa de la ciudad donde había dejado todas mis cosas.

Ese olor a monte, todo estaba igual, el autobús dio varias vueltas y me baje cerca de la casa de Luis. Observe, los carros a toda velocidad, la misma vegetación. El calor me hacia sudar mucho y tenía el cabello y toda la ropa pegada al cuerpo. Estaba estresada y me sentía con mucha molestia. Al llegar a la casa y antes de tocar el timbre, observe la casa. Igual de fea que siempre, como la recordaba cuando estaba pequeña. Llena de moho por todos lados siendo un hotel de mala muerte, a pesar que había vivido los mejores momentos de mi vida, no dejaba de recordarla cuando caminaba para ir al colegio en el pueblo. Toque el timbre pero nadie abrió, así que, como siempre, estaba la puerta abierta. Eran pasados las 11 de la mañana.

No vi a nadie en la sala así que me fui directo al cuarto de Luis. Sentía el corazón en las manos porque lo vería nuevamente. Voltee y vi la puerta que era mi habitación y recordé como la tocaba por las noches para ir a besarme inocentemente, aunque los dos sabíamos que no era tan inocente porque el tenia su novia en ese momento, no debía hacer eso.

Toque la manilla del cuarto de Luis y al entrar, estaba acariciándole el abdomen inflamado a Patricia. Ella tenía la cabeza acostada en una almohada y Luis estaba sentado tocándole el vientre abultado, ese embarazo no tenía menos de 7 meses. No lo podía creer, Luis iba a ser padre, Luis había embarazado a Patricia. Y yo, me pregunte, donde quedaba en este círculo amoroso. Luis al verme parada sin hablar en la puerta se sorprendió e inmediatamente se levanto de la cama, quitándole la mano a Patricia del vientre. Ella sin saber que pasaba se levanto como pudo con un brazo en la cama y se me quedo viendo con esa cara de princesa buena confundida.

-   Luis, ¿cómo me puedes hacer esto?
-   Mayller puedo explicarte todo.
-   Después que te fuiste conmigo para la ciudad a comenzar una nueva vida te vienes a criar un niño que no es tuyo.

Patricia grita, dirigiéndose a mí:

-   ¿Cómo así?, ¿cómo que no es de Luis?, ¿cómo que vivió contigo? ¿Cuándo?

En ese momento supe que él la engañaba a ella también, que ella no sabía qué era lo que estaba sucediendo. Luis volteo a decirle que no se levantara, que después le explicaba a ella.

Yo seguí gritando y llorando, me sentía impactada, triste, desconcertada, enojaba.

- ¿Qué le vas a explicar a ella?, ¿que no viviste conmigo en la ciudad.

Patricia le empezó a gritar a Luis que quería una explicación, que desconoce que es lo que yo estoy diciendo, pero a medida que ella se hacia la inocente mas sentía que ellos dos me estaban engañando para parecer estúpida y que pensara que la culpa era solo de él y no de ella, así que me arme de valor y salí corriendo y me monte encima de la cama y le patee la barriga a ella, estando ella sentada en la cama intentando de verme la cara de estúpida. Luis no supo qué hacer e intento agarrarme pero yo no pensaba, yo no razonaba, deseaba que ese niño estuviese muerto, que no fueran felices, deseaba hacerle el mayor daño a los dos y que más que con ese niño que estaba a punto de nacer. Ella comenzó a gritar y a llorar y Luis intentaba agarrarme pero no tenía la fuerza suficiente, logre quitarlo de encima, empujándolo con mi espalda hacia atrás y dar vueltas y lanzarla al piso a darle patadas a ella, al cuello de ella, a la barriga, a la cara. Estaba mi mano en la pared y mi otra mano daba la fuerza para impulsarme y darle cada vez con más fuerza, hasta que logre agarrar el cuello y le aplique tantas fuerzas a las patadas que veía sangre por todos lados y la cabeza se veía desprendida del cuerpo. Ella estaba inconsciente. Al voltear, Luis seguía en el piso, al empujarlo con mi espalda se había caído y se había golpeado la cabeza. El gritaba pero yo no escuchaba, tenía tanta rabia encima que salí corriendo del cuarto, pero al llegar a la puerta sentí que me agarraron el cabello y me caí hacia atrás.

Sentía que estaba dominada por los demonios, quería ver sangre, necesitaba ver sangre, pensé que tantos gritos saldrían algunos de los que vivía en la casa y allí si estaría en problemas, pero no, no salió ninguno. Luis intento detenerme que no saliera, pero logre balancearme y lo empuje hacia adelante, cayendo por las escaleras y pegándose en la cabeza. Yo vi que empezó a salir sangre pero sé que solo había quedado inconsciente, así que empecé a correr en dirección al pueblo, sentía que debía correr y correr para pensar mejor, oxigenar mi sangre y ver que iba hacer. Pero no pensaba, no sentía, solo quería llegar a la casa de Tito y hablar con él.

Corrí todos los kilómetros y entre al pueblo caminando, sino se vería raro una mujer corriendo con salpicaduras de sangre en el cuerpo, pero nadie lo noto, nadie me miro, la gente estaba concentrados en su mundo. Ya no hacia tanto calor, la tarde estaba comenzando asomarse. Apresure el paso y le toque la puerta a Tito, quien al verme toda llena de sangre me hizo entrar rápido a su casa toda preocupado. Intento preguntarme, pero yo sentía que quería que esa cabeza desprendida quedara solo en mi mente y no transmitir esa imagen a Tito. Tito que había sido un hombre muy bueno y me había ayudado tanto, no debía saber detalles.

- Vámonos Tito y comencemos de nuevo.
- ¿A dónde? Tito me veía todo preocupado.
- A la casa de la ciudad, ya yo he hablado con la dueña y le deje un mes pago para que me cuidara las cosas.
- ¿Cual dueña?
- La dueña de la casa donde me fui con Benecia, ella se mudo a los meses con sus hijos a otra casa y me dejo esa casa a Luis y a mí. Luis se cayó pero el va a estar bien, va a recapacitar y me va a buscar, en ese momento lo estaré esperando en la casa contigo, ¿qué dices?
- Ya va May, la casa donde se fueron a la ciudad es de Benecia, no entiendo de que dueña hablas.
- No Tito, Benecia recibía el dinero y se lo daba a la dueña que es una vecina, bueno, eso fue lo que me dijo.

\- No May, Benecia es la dueña de la casa, no entiendo porque te recibía dinero si yo le estaba enviando dinero desde acá para que te ayudara allá.

Yo no supe que decir, era mucha información que procesar. Yo todos los meses le daba la mensualidad a Benecia y ella se encargaba con la dueña de la casa que era ella misma. Entonces porque se había ido con sus hijos a pagar a otra casa si tenía su propia casa. Recordando, Benecia me había dicho que era my económica la casa donde vivía con sus hijos, capaz por eso se había ido, pero no era momento de entender eso, era momento de irnos y comenzar de cero.

\- No May, no nos vamos a ir hasta que no me expliques el por qué tienes la cara y la ropa llena de sangre. ¿Qué paso con Luis?
\- No me hagas hablar de ese imbécil, le di su merecido.
\- ¿Qué has hecho May?

Sentí que estaba en mi contra y comencé a gritarle que me apoyara, que debía estar conmigo, como lo había hecho en las otras oportunidades, que debíamos irnos lo más rápido posible. Era tarde y si queríamos agarrar autobús teníamos que salir en ese momento de la casa. Pero el insistió que me fuera yo adelante y el iba a arreglar sus maletas y me buscaría en la parada, pero yo estaba tan apurada que acepte y agarre mis maletas y me fui al terminal, donde esperaría a Tito y sé que en un par de días estaría durmiendo otra vez con Luis, era una simple discusión y él se daría cuenta que yo soy la única para él, se dará cuenta que yo soy una buena mujer trabajadora y se dará cuenta que había cometido un error pero el amor es para perdonar los malos entendidos.

Me senté en el terminal pero ya había cerrado la taquilla donde se compran los boletos y me senté a esperar a Tito o a Luis, pero no sabía si Luis sabría que estaba en el terminal, por si le daba la gana de irme a buscar a la casa de Tito, o al hotel o a la cafetería. Así que empecé a buscar el teléfono dentro del bolso para llamarle y decirle que estaba muy molesta pero que había decidido perdonarlo y lo esperaba en la estación para irnos de nuevo a la ciudad y comenzar de cero.

Mientras buscaba el teléfono se me cayó una maleta, al voltear habían comenzado a llegar una ambulancia y varias patrullas.

- Tranquilos, estas góticas de sangre no son de mi cuerpo, me encuentro bien.

Pero comenzaron a ser agresivos conmigo y me comencé a resistir porque considere que era una falta de respeto de su parte pero el policía me leyó unas leyes y me dijo que me mantuviera en silencio, que me culpaban del asesinato de Luis González y Patricia Villanueva.

- ¿Asesinato? ¿cómo así? si yo estaba esperando a Luis, es mas lo iba a llamar para que se viniera a la estación porque nos íbamos a la ciudad.

En realidad no estaba entendiendo que es lo que estaba pasando, eso quería decir que estaban muertos o era un juego. Capaz me iba a proponer matrimonio o algo así tipo películas. Bueno en realidad era todo muy confuso, me dolía el cuerpo de correr, la cabeza, me dolía el alma por ser engañada, me dolía todo. Me pusieron unas cintas en las manos donde no podía moverlas. Por un momento sentí que era una confusión, se estaban equivocando o es que me estaban protegiendo, pero de igual forma me estaban lastimando las cintas. Cuando iba en la parte de atrás de la ambulancia, les preguntaba si se habían traído mis bolsos, debía buscar mi teléfono y avisarle a Luis que estaba yendo a un lugar que desconocía. Esa gente estaba jugando conmigo, lo sentía, lo presentía. Pero el chico que conducía no me respondía nada, entonces decidí quedarme callada. Cuando llegue a una comisaría y me colocaron en una habitación. En ese momento veo entrar a Tito.

- ¿Qué está pasando Tito?

Lo abrace fuertemente y el comenzó a llorar, pero no entiendo que es lo que está sucediendo y el intenta explicarme pero tampoco estoy entendiendo. Así que empiezo a gritar que es una trampa de Patricia, que yo se que ella tiene mucha plata y me quiere hacer daño porque yo le quite a Luis. Tito intenta calmarme pero sé que estaba en mi contra y no quería irse conmigo a la ciudad, el tenía que llamar a Benecia para que me devolviera toda la plata que me robo mensual por muchos meses. Benecia había resultado ser la peor arpía, con su cara de tonta y sus hijos que ni se relacionaban, parecía que tenían problemas mentales.

- May, ¿en serio, no recuerdas nada o no quieres contarme? En la clínica cuando te caíste revisaron tu historia clínica y tienes un ingreso por golpes en la cabeza. Ese día tenías pérdida de memoria, ideas delirantes, alucinaciones. Tienes un reporte por unas personas que te vieron golpeándote sola y te trajeron hasta el hospital. Te hicieron varios estudios y te diagnosticaron esquizofrenia paranoide y no sé qué significa pero se escucha peligroso, debemos actuar y debemos actuar rápido.

Tito hablaba e intentaba explicarme pero yo la verdad no entendía nada de lo que me estaba diciendo. Sabía que era una trampa y se lo gritaba a todo el mundo para que me escucharan, es que sentí que nadie me escuchaba ni un poco de lo que estaba diciendo. Luego de colocarme una inyección, recuerdo que me caí de sueño y cuando me desperté, me encontraba en una habitación donde me daban pastillas para calmar mis nervios.

Hay una chica que me visita a diario, Clarizza es su nombre. Yo cuento las veces que viene a verme y supongo los días que van transcurriendo. Clarizza intenta convencerme de que participe, pero no entiende que no estoy de humor, que lo que quiero es estar tranquila, sin moverme, pensando, durmiendo. Muchas veces se lo digo y ella sigue insistiendo con esa voz dulce y estresante que tiene.

Al terminar de contarle a la señora, habían pasado 20 minutos o al menos eso pensé porque no tenía reloj pero el ambiente continuaba igual, el olor de las rosas frescas, la gente caminando y diciendo incoherencias y la loca que estaba a mi lado, estaba con su nerviosismo. Al voltear a verla, porque había dejado de hablar y esperaba escuchar una crítica a mi vida, me miro y me pregunto:

- ¿Sabes qué hora es?

Me sorprendió su pregunta, tanto que mis ojos sobresalieron sobre mi cara o al menos así los sentía.

- ¿Escuchaste lo que te acabo de contar?
- ¿Qué cosa?

Por un momento me molesto, le había contado mi vida, le había contado todo, todo sobre mi. Y ni me había prestado atención. Pero respire y eso me gusto, pues ya me había desahogado, nadie me había criticado, ya me sentía mejor. Sentía una alegría inmensa en mi cuerpo. Era una sensación que no podía contener. Una enfermera se acerco porque estaban comenzando a recoger a las personas.

- ¿Mayller?
- Que-Dije
- Que- Dijo la señora que estaba a mi lado.

- Vente, nos toca ir a la terapia.- Y la señora se levanto del asiento y se fue con la enfermera.

Me quede impactada, no podía creer, esa señora se llamaba igual que yo, seria coincidencia de la vida o era mi mama. Me levante para seguirla y que me dijera si era ella mi mama, pero al pasar por el pasillo y ver toda ese poco de gente, empecé a reírme, en serio, me parecía muy gracioso. Al observar, había un par de tipos parados en el pasillo. Empecé a caminar para llegar al cuarto y uno de los tipos me agarro fuerte por ambas muñecas. Sentí dolor, mucho dolor y las manos se estaban poniendo pálidas, como pude me zafe y me fui corriendo al cuarto. Esta vez, no reía a carcajadas, esta vez, sentía un dolor intenso en las manos. Me agarraba fuertemente estas para que no sangrara pero no dejaban de hacerlo.

El piso que era blanco estaba comenzando a mancharse así que comencé a gritar para que alguien me ayudara a parar la sangre y llego Clarizza quien llego a auxiliarme. Llamo a otro chico quien llego con unas gasas y un poco de alcohol. Al ver esto, intente decirle que me iba a doler y ella intentaba calmarme, que solo con eso me iban a lograr detener la sangre para que no me doliera más. Al voltear la mano, tenía muchas marcas en los brazos, en las manos, en el cuerpo. Marcas que desconocía de donde habían salido. En ese momento recordé que de un tiempo para acá me traían la comida en material de plástico. Ni el inodoro tenia tapa.

Clarizza y el chico al detener la sangre, salieron del cuarto para buscar con que limpiar el piso. Yo me quede parada, en ese lugar con las manos agarradas, viendo las gotas de sangre, me quede paralizada en la mitad del cuarto, no recordaba que había pasado para tener esas marcas en el cuerpo, y la de las muñecas estaba fresca. Me sentía confundida, no sé que me estaba pasando. Comencé a gritarles en la puerta que me dijeran que me estaban haciendo, si era un experimento para ellos, si estaba pasando algo conmigo que no recordaba nada. Un señor que estaba cerca de la puerta cerrada, me dijo:

- Te lo hiciste tu misma.

Me quede sin moverme, me acosté en la cama y puse los dos brazos a los lados de mi cuerpo. Sentía como las manos palpitaban al mismo tiempo que el corazón. No sabía que me estaba sucediendo así que empecé a llorar desconsoladamente.

A los días entro Clarizza al cuarto, ya me encontraba mejor, estaba sentada con las piernas montada en la cama, arropada pues sentía mucho frio. Aproveche de preguntarle, antes de que comenzara a decir sus tonterías:

- Clarizza ¿me podrías decir en dónde estoy?

Sus ojos se sorprendieron ante mi pregunta, sus parpados se abrieron viéndose el rostro pequeño.

- Estas en un hospital psiquiátrico.

Mi piel se helo completamente, no entendía porque estaba en ese lugar, que me había pasado. Porque me amarraban a la cama. Pero estaba tan sorprendida que me quede sentada en la cama y decidí no hablar más. No recordaba que había pasado con mi cuerpo, con mis brazos. Después que había hablado con esa señora en el patio, mis recuerdos comenzaban a desvanecerse, no recordaba la cara de Carlí, no recordaba bonito a Luis. No recordaba que había pasado con mi padre, con mi madre, o si acaso donde estaba Tito. Todo se estaba yendo, estaba perdiendo la memoria. Me sentí angustiada, me intente parar de la cama, pero Clarizza me impuso quedarme sentada. Solo recuerdo que le dije a Clarizza:

- No sé qué me pasa, ayúdame a salir de aquí. No recuerdo

porque estoy aquí, que me ha pasado, como llegue aquí.

Y ella mirándome fijamente a la cara, anotando en una tabla con hojas algo, me dijo:

\- Cuéntame lo que te acuerdes.

Me le quede mirando pero no recordaba ni mi infancia y le dije:

\- Es que hace días si me acordaba y ya se me está olvidando todo. ¿Qué me pasa Clarizza?

Clarizza se sorprendió porque había dicho su nombre, en ese momento, estaba consciente de lo que estaba pasando, eso dijo e insistió:

\- Cuéntame de lo que te acuerdes ahorita.

Como no me acordaba de nada, me molesto, porque intentaba pensar y solo me venía a la mente el señor de ojo blanco que me había agarrado hace días y me había hecho daño. Clarizza, moviendo las manos para intentar calmarme, me dice:

\- Tienes esquizofrenia, tu mamá la sufría y tu también. Los cambios en tu comportamiento pasan de depresión a agresividad, intentando hacerle daño a alguien y en este lugar terminas haciéndote daño a ti misma. Tus recuerdos vienen y van, solo que cuando se pierden en tu consciente y no los puedes recordar, comienzan tus cambios de humores, que como te dije anteriormente, te agredes y por eso ves claramente todo tu cuerpo marcado.

Al escuchar a Clarizza, me levante la bata para cerciorarme que lo estaba diciendo era cierto y efectivamente tenía mi cuerpo marcado. Clarizza, observándome muy detenidamente, continúa hablando mientras yo miraba mis marcas impresionadas:

\- Pero lo importante, es que tú tienes momentos de lucidez la mayoría de las veces, por lo que intentamos recuperar y tener el mayor provecho de ti, para intentar recuperarte y que puedas irte de este lugar del que tanto te quejas.

Yo la miraba fijamente, no recordaba ningunas quejas, solo recordaba las veces que ella iba a la habitación, de por sí, las contaba. Clarizza, después de intentar hacerme unas preguntas de rutina, que ella misma había recalcado habérmelas hecho muchas veces antes (o las veces que decía que estaba lucida) y que necesitaba saber si las recordaba y asentando con la cabeza, se levanto y antes de salir de la habitación me dijo:

- Hay alguien que quiere verte y hablar contigo.

Al cerrar la puerta, disfrute de la brisa de su perfume. Perfume que me encantaba y que conocía al pie de la letra. Al mirar a mí alrededor, me dio muchas ganas de llorar, pues había parado en un hospital de loco, cuando yo no estaba loca. En ese preciso momento recordé a la señora que estaba ese día a mi lado, se llamaba igual que yo, será que era mi madre. Me entusiasme y decidí esperar pacientemente a la salida. Se abrió la puerta y apareció Tito con su elegante pantalón, la panza que sobresalía de él y con su sonrisa característica.

- Hola Mayller.

Yo no sé si debía acercarme o quedarme en la cama sentada, me quede sin moverme y sonriéndole.

- ¿Qué es lo que pasa Tito? ¿Por qué estoy acá?
- Bueno, han pasado muchas cosas y tenías mucho tiempo sin estar lucida. No más me avisaron, vine lo más rápido que pude.
- Gracias.
- Veo que te sigues haciendo daño en las manos.

Me observe las muñecas de las manos y le dije:

- No Tito, no fui yo, venia caminando y un señor de ojos blanco me agarro y me lastimo.
- Mayller no hay ningún señor de ojos blancos, viste un objeto y tú misma te hiciste daño, ¿no recuerdas nada?
- ¿Cómo así Tito?
- Bueno, tú eres la que te haces daño siempre y culpas a otras personas. Lo que pasa es que tienes cuadros de pérdida de memoria y no te acuerdas y cuando entras en tus sentidos piensas que alguien más fue. Lo mismo pasaba cuando pensabas que te perseguían, nadie te perseguía ni te hacían daño. Lo mismo sucedió con las chicas: Desiree y Caty. Una vez me contaste que ella te habían hecho daño y tú tenías cicatrices y ellas no. Al llegar a la cafetería, hable con ella quienes me refrescaron la memoria que Caty se había ido a su casa y Desiree se había quedado hasta tarde conmigo en la cafetería sacando unas cuentas de proveedores, acomodando facturas, etc., así fue como comencé a sospechar de tus caídas. Lo mismo le paso a tu mama

Lo escuchaba atentamente, entendiendo lo que estaba pasando.

- ¿Mi madre?
- Si, ella cometió un error: enamorarse y obsesionarse con su hermano y te tuvo a ti, una niña maravillosa. Pero tu madre pensaba que la perseguían a toda hora y en varias oportunidades llamo a la policía y no era nadie.
- ¿El motivo de estar aquí es porque estoy loca?, ¿cómo así que mi papá era hermano de mi mamá?
- No, mataste a Luis y a Patricia, pero había un antecedente sin resolver y era la muerte de Caty. En la cafetería tenia cámaras escodadas porque yo pensé que me

estaban robando. Resulta que sale cuando tu le estas insertando veneno de rata a la torta y lo más extraño es que después la consumes como si nada estuviese pasando, capaz se te había olvidado que la habías incrustado. Tranquila, hay una investigación y te puse un buen abogado que esta alegando que fue en un momento de demencia y no sabias lo que hacías. Debes mejorar para testificar.

- Pero si sabía lo que hacía.

Tito se levanto rápido y me puse una mano en la boca para que me callara y no volviera a repetir eso.

- No digas eso, calla. Mi abogado tiene tiempo en el caso, queremos que salgas de acá.
- O.K, está bien.

Por un momento me perdí en su conversación. En ese preciso instante se me vino a la mente Luis, ese mentiroso había recibido su merecido y me ponía feliz, pero más allá de eso, ya no estaba en nuestro plano terrenal, ya no iba a poder ver sus ojos negros, sus brazos y espalda blanca y ancha, escuchar su voz. Luis se había ido en una simple caída, no lo podía creer. Me había empezado a doler su muerte. Me había engañado y mentido en mi propia cara. Me inquietaba saber que pensaba su familia de mi, sobretodo Yillmir, a quien le tenía mucho cariño. Me imagino que Mirna me estaba odiando más de lo que siempre lo había hecho por descubrir su robo a esa familia. Sentía muy lejos a Luis, me preguntaba cuanto tiempo había pasado desde que Luis ya no estaba en este plano. Me preguntaba si en verdad él en algún momento me había querido como decía o como me lo demostraba. Me preguntaba que le había dicho a Patricia cuando vivió conmigo en la ciudad. Me dolía que me hubiera engañado sabiendo todo lo que yo había vivido con mi papá. Tito al ver que no le prestaba mucha atención, no dijo mas nada, sino que se fue.

Al cabo de un rato, estaba sola sentada en esa cama, sola como me sentía en casa de mi padre. La soledad era mi amiga. Solo me quedaba pensar en que todo iba a salir bien, que Tito me iba ayudar y que tenia no, debía encontrar a mi madre a como dé lugar. Los siguientes días espere pacientemente a que me abrieran las puertas. Clarizza iba a la habitación pero quería hacerme la que no quería hablar con ella, era una inútil y todo lo que dijera iba a ser usado en mi contra.

Llego el día, llego el día que estaba esperando con tantas ansias, ya no dormía pensando en ella, en su rostro volteándose a cada rato para los lados, en su color de piel, en sus palabras retumbando en mis oídos, mi nombre dicho por la enfermera. En eso pensaba una y otra vez. Al salir había mucha gente en el patio como de costumbre, no era nada diferente. El olor a flores, las personas caminando, todos paseando. Yo llegue y me senté en un asiento como había hecho las veces pasadas y empecé a observar a las señoras, pero no recordaba ya su cara, ni su contextura. A medida que pasaban los minutos más me estresaba y me molestaba conmigo misma porque se me había olvidado su cara. Nos toco ingresar a la habitación y había perdido mi oportunidad. Así fueron pasando los días nuevamente y debía esperar la próxima oportunidad.

Tantas veces que pasaron y tantas veces que salí al patio y no la veía y nadie sabía nada, ya había perdido la esperanza. Ese día salí, cansada de esperar y esperar y nada que sucedía. Había pasado meses desde esa última vez que había escuchado su nombre. Me senté en el mismo asiento de siempre y llego una señora con un toque de nerviosismo a sentárseme al lado. Yo pensé que era otra persona y ya me iba a levantar a gritarle que se quitara porque esperaba a alguien importante, pero al voltear la vi de frente. La vi y me quede paralizada, ahí estaba, ahi había llegado, se encontraba a mi lado esa señora:

- ¿Me podrías decir la hora?

La escuche y recordé ese día que me hablo y yo empecé hablar como loca de mi vida. La vi y entusiasmada le pregunte:

- ¿Cómo te llamas?
- Mayller, Mayller De García.

En ese momento supe que estaba a mi lado, era mi madre, era ella, que sin querer el destino nos había cruzado. Esa mujer que siempre quise abrazar cuando estaba pequeña, cuando sufría, cuando me sentía sola, que por esa mujer había soñado, había llorado muchas noches. Que me había hecho mucha falta en mi vida. Toda mi vida había intentado buscarla pero no la había conseguido, pero me estaba esperando en ese lugar donde seguramente moriríamos.

En ese momento, en ese preciso momento cuando la miraba fijamente a los ojos, se veía mi reflejo, unos ojos negros con grandes parpados y grandes venas que sobresalían de la mejilla, esos ojos iguales a mi padre, iguales a los míos. En esos ojos, donde me mirare y cuando vengan los recuerdos, los disfrutare al máximo. Pronto vendrán, eso pensé. Me calme porque quería decirle muchas cosas, quería hablar con ella, quería que me explicará. Pero no quería hablar, sentía la necesidad de abrazarla y eso hice, sentir sus brazos por primera vez en mi vida. Me le fui encima abrazarla, a sentir su piel. Fue un segundo que logre sentir su calor, logre oler su piel. Estaba ella, igualita a mí y sentía una esperanza en mi vida, allí estaría con ella, allí moriría con ella. Todas las veces que saliera de la habitación la iba a buscar para hablar, le iba a pedir un abrazo, un beso, capaz una explicación. Fue en ese preciso momento que la abrazaba cuando escuche un pitido en mi oído, empezó a gritar muy fuerte y me había dejado sordo el oído de lo fuerte que grito, pero yo la sostuve duro para que entendiera que solo quería abrazarla, no le iba hacer daño ni nada. Ella siguió gritando y muchas personas se nos fueron encima. Sentí mucho alboroto, sentí dolor en las mejillas. Perdí el aire porque me dieron un puñetazo en el estomago, mientras mi mami buscaba de zafarse, mas me aferraba a ella. Dos chicos llegaron a separarnos y lo lograron, llevándome a mi habitación. Yo le gritaba a ella que no quería hacerle daño, que ella tenía que escucharme, saber quién era yo, pero mi mamá seguía en el suelo agarrándose los brazos y llorando de la impresión. Quién sabe si volvería a sentir esa piel fría, esos brazos frágiles sobre mi piel. Estaba de nuevo, viendo todas las cosas blancas: las paredes, la cama, la almohada, la ropa.